Volker Knopf

Geheimtipps

Metz Nancy

Lothringen

Für meine Mutter und meinen verstorbenen Vater

Volker Knopf

Geheimtipps
Metz Nancy
Lothringen

57 ungewöhnliche Reiseziele
im Osten Frankreichs

GeistkirchVerlag

Entspannen vor großer Kulisse. Der Place Stanislas im Herzen von Nancy.

ISBN 978-3-949983-15-3

www.geistkirch.de

2. Auflage 2025

Verlag: Geistkirch Verlag, Saarbrücken
Fotos: Titel (o.l., unten)/S. 4/S. 8 Regine Datin, S. 38 Zoo Amneville, S. 64 M. Dorwarth, S. 116/S. 118 (o.)/S. 119 Metropole du Grand Nancy, S. 166 (o.)/S. 167 OTOV, S. 188 OT Dabo, S. 220 OT pays du Saverne/OT Phalsbourg, alle anderen Fotos Volker Knopf
Karten: © Printmaps.net/OSM Contributors
Titelgestaltung: Florian Brunner, Saarbrücken
Satz und Layout: Harald Hoos, Landau
Printed in EU

Inhalt

Metz und Region

Nancy und Region

Nähe Luxemburg

Vogesen

Moselle

Pays de Phalsbourg

Street Art spielt in Nancy eine wichtige Rolle. Hier das Wandgemälde „Giulia“ des britischen Porträtisten David Walker in der Rue Lépold Lallement 7 unweit der Brasserie Excelsior.

Vorwort

Vor ihnen liegt nach „Nordvogesen und Krummes Elsass" sowie „Straßburg und Vogesen" nunmehr der dritte Band der „Geheimtipps-Reihe". Und wieder einmal geht es darum, Entdeckungsreisen beim ostfranzösischen Nachbarn zu unternehmen. Kurztrips, die zuweilen auch mit einem kulinarischen Mehrwert verbunden sind. Die Schwerpunkte der fast 60 Destinationen liegen auf Kuriosem, Historischem und Kulinarischem.

Der Fokus richtet sich in dieser Ausgabe auf Nancy, Metz sowie deren Region und dem Pays du Phalsbourg, aber auch die weiteren Regionen Lothringens werden bedacht. Nancy, die Elegante, die Stadt des Jugendstils, und Metz, die Stadt des ockerfarbenen Sandsteins, der ihr einen leicht melancholischen Anstrich verleiht, lohnen stets einen Besuch. In der Region Phalsbourg, die nicht so bekannt ist, werden ebenfalls Destinationen vorgestellt. Gerade diese Gegend in den Nordvogesen, die ungefähr in der Mitte von Nancy und Straßburg liegt, hat so manches zu bieten. Von der Glasbläser-Kunst bis zum Kuriositätenkabinett.

Geheimtipps sind natürlich so eine Sache. Das Centre Pompidou in Metz, die Villa Majorelle in Nancy oder das riesige Schiffshebewerk in Saint-Lous/Arzviller zählen sicherlich nicht dazu. Gehören aber nun mal in so einen Band, da jemand von weiter her diese womöglich nicht so auf dem Schirm hat. Aber ich denke, jeder findet hier etwas nach seinem Gusto. Das Büchlein ist als Anregung zu verstehen, mal wieder die schöne Nachbarin Lorraine zu besuchen. Ganz wichtig: Der Band ist kein Reiseführer in dem Sinne, der Ihnen in dürren Worten mitteilt – hier ist Sehenswürdigkeit XY bitte dahin und danach dorthin und dabei Vollständigkeit suggeriert. Das kann man auch sonst wo nachlesen.

Hier gibt es einen Blick hinter die Kulissen und den Mut zur Lücke. Dafür Reportagen und Reise-Features, die oft etwas abseits der Wege liegen, sowie Geschichten über Manufakturen, Schlösser, kulinarischen Virtuosen oder Kunsthandwerker. Soll heißen: „Metz Nancy Lothringen" funktioniert auch als Lese-Buch. Gemütlich auf der Couch liegen und die Geschichten einfach so goutieren, warum nicht.

Und in eigener Sache: Ich schätze auch das Elsass sehr, ich bin oft dort und habe schon einiges darüber geschrieben. Aber mittlerweile habe ich Lothringen deutlich stärker ins Herz geschlossen. Es ist weniger herausgeputzt und authentischer als der touristisch

Imposant: Glasdach der Bank Crédit Lyonnais im Stil des art nouveau. Geschaffen wurde das 250 Quadratmeter große Glasdach in der Bank-Halle von Jacques Gruber. Nancy, Rue Saint-Georges 7-9.

Idylle in den Vogesen. Vogesenrind auf dem Le Hohneck.

stärker erschlossene und etwas prominentere Nachbar Alsace. Manchmal hat man das Gefühl, als sei die Zeit stehengeblieben, wenn man durch ein verwunschen wirkendes Dorf in den (lothringischen) Vogesen fährt.

In diesem Sinne: Schauen Sie einem Patissier bei der Herstellung der für Nancy typischen Bergamotte-Bonbons über die Schulter, besuchen Sie die opulente Jugendstil-Brasserie „Excelsior", die Sie in die Spätphase der Belle Epoque zurückkatapultiert, den größten Flohmarkt Ostfrankreichs in Metz, ein Dorf, in dem Menschen altes Handwerk wieder aufleben lassen, genießen sie Fleischeslust bei einem der besten Paté-Macher oder besuchen Sie ein Dorf für Bibliophile in der Nähe von Baccarat. Und falls Sie sich wundern, warum Brocante (Trödel) und Kulinarik reichlich in dem Band vertreten sind. Die Antwort ist recht simpel. Ich mag beides gerne. An einem Wochenende im Sommer auf Schatzsuche auf einem kleinen „marche aux puces" beim gallischen Nachbarn zu gehen – herrlich. Und danach dort schön essen gehen oder ein Bistro besuchen. Eine bessere Kombination gibt es kaum, so finde ich.

Bon voyage – wünscht

Volker Knopf

Nähe Luxemburg / Vogesen / Moselle / Region Phalsbourg

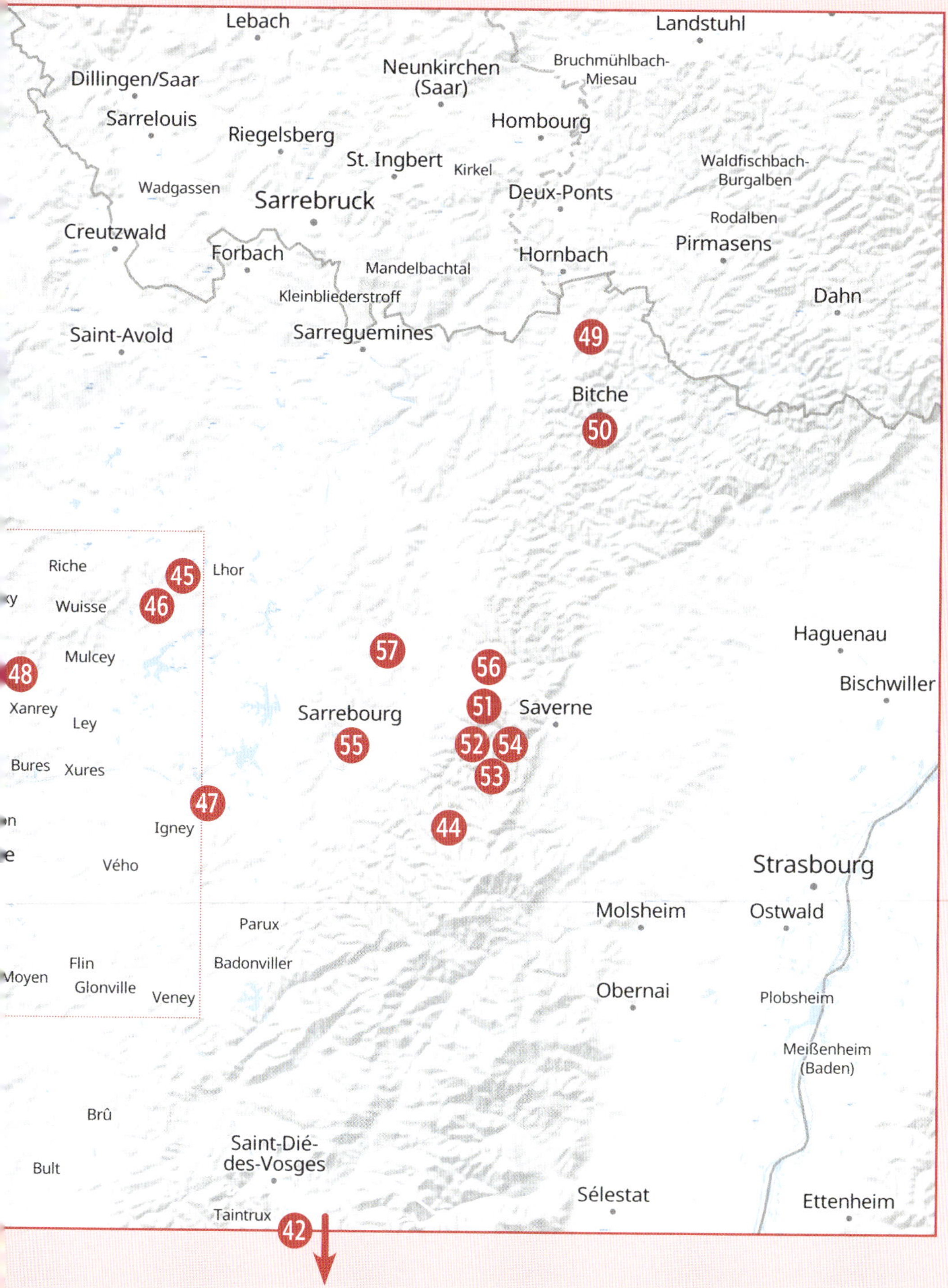
Lebach
Landstuhl
Dillingen/Saar
Neunkirchen (Saar)
Bruchmühlbach-Miesau
Sarrelouis
Riegelsberg
Hombourg
St. Ingbert
Kirkel
Waldfischbach-Burgalben
Wadgassen
Sarrebruck
Deux-Ponts
Rodalben
Creutzwald
Forbach
Hornbach
Pirmasens
Mandelbachtal
Kleinbliederstroff
Dahn
Saint-Avold
Sarreguemines
49
Bitche
50
Riche
45
Lhor
46
Wuisse
Haguenau
57
Mulcey
56
48
Bischwiller
Xanrey
51
Saverne
Sarrebourg
Ley
55
52
54
Bures
Xures
53
47
Igney
44
Vého
Strasbourg
Molsheim
Ostwald
Parux
Badonviller
Flin
Moyen
Glonville
Veney
Obernai
Plobsheim
Meißenheim (Baden)
Brû
Saint-Dié-des-Vosges
Bult
Sélestat
Ettenheim
Taintrux
42

Das Deutsche Tor (Porte des Allemands) im Osten der Altstadt. Ein Relikt aus dem 13. Jahrhundert in dem für Metz typischen ockerfarbenen Jaumont-Kalkstein errichtet.

Metz und Region

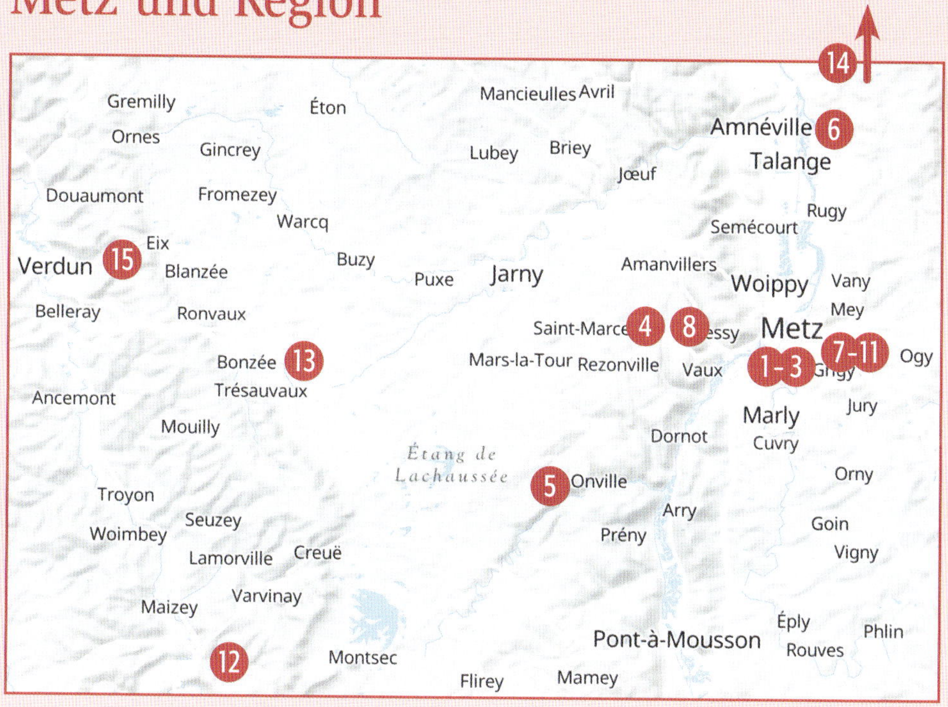

Nancy und Region

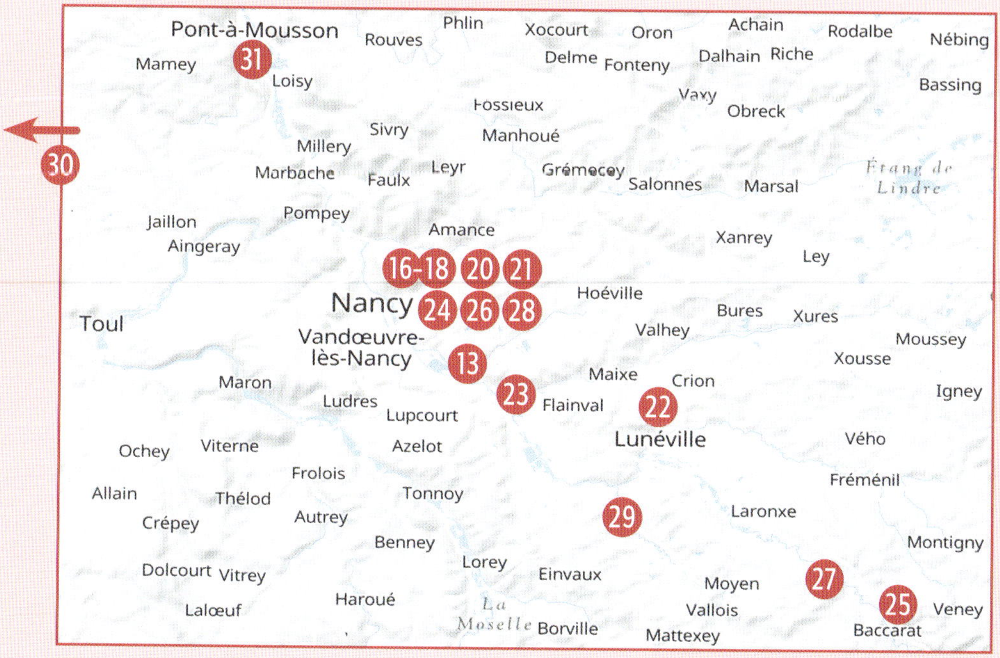

Temple Neuf, die evangelische Stadtkirche auf der „Kleinen Weideninsel" wird von der Mosel umflossen.

Metz – die leuchtende Stadt

- *Bistumsstadt ist aus honiggelbem Sandstein erbaut*
- *Mittelalterliche Gassen und quirliges Leben*
- *Mosel schlängelt sich durch die UNESCO-Stadt der Musik*

Keine Frage, ein bisschen steht Metz im Schatten des etwas glamouröseren Nachbarn Nancy. Die 125.000 Einwohner-Stadt ist eher eine Liebe auf den zweiten Blick. Aber wenn es funkt, dann richtig. Und vor allem ist es eine Liaison, die in der Regel Bestand hat. Es ist der honiggelbe Jaumont-Stein, der die Kapitale des Départements Moselle prägt. Der Sandstein entstand im Jura-Zeitalter. Jaumont respektive Jaune mont heißt übersetzt: Stein vom gelben Berg. Der „Metzer Sonnenstein" wurde auch von Kaiser Wilhelm I. geschätzt, als die Stadt zum Deutschen Kaiserreich zählte. Zahlreiche repräsentative Gebäude wie die Kathedrale, das Rathaus, das Porte Allemande oder das Theater sind aus dem kalkhaltigen Sandstein erbaut. Ein weiteres Attribut, das Metz bestens beschreibt, lautet: leuchtende Stadt. Denn am Abend werden bedeutende Gebäude im Sommer illuminiert und das architektonische Erbe ins rechte Licht gerückt. Der Stadt beschert es den Beinamen „Ville-Lumière" – auch wenn wie aktuell in Zeiten der Energiekrise bei der Illumination naturgemäß etwas kürzergetreten wird.

Als „leuchtendes Beispiel" könnte man Metz auch in Sachen historischen Erbe sehen. Ein Spaziergang durch die Stadt gleicht einer Reise durch die Jahrhunderte. Gallorömische Ruinen, mittelalterliche Gassen, französische Plätze aus dem 18. Jahrhundert und wilhelminisches Erbe. In Metz haben viele ihre Spuren hinterlassen, besonders die Römer. Relikte sind in den Museen oder an Orten wie der Klosterkirche Saint-Pierre-aux-Nonnains, einer der ältesten Kirchen Frankreichs aus dem 4. Jahrhundert, zu sehen. Etwas später wurde Metz zur Wiege der Karolinger und entwickelte sich zu einer künstlerischen und kulturellen Hochburg Europas. Zwischen dem 12. und dem 14. Jahrhundert erwarb Metz als freie Handelsstadt den Ruf eines wichtigen Handelsplatzes. Im 18. Jahrhundert entstanden bedeutende Plätze und Bauten

i

Metz ist zu jeder Jahreszeit eine Reise wert und ist mit dem TGV gut erreichbar. Highlights über das Jahr sind eine große Buch- und Literaturmesse (Mitte April), das Mirabellenfest (Ende August), die Internationale Verbrauchermesse (Ende September) oder der große Weihnachtsmarkt (Dezember).
www.tourisme-metz.com (auf Deutsch).
Es existiert ein City-Pass, der zu einem Eintritt im Centre Pompidou berechtigt, zudem zu einer Stadtbesichtigung mit Audio-Guide sowie Nutzung des ÖPNV. Ferner soll es Rabatt beim Shopping, in der Gastronomie und Veranstaltungen geben.
Der City-Tages-Pass kostet 13,50 Euro.

Das Opernhaus aus gelbem Sandstein im Theaterareal. Es zählt zu den ältesten Frankreichs.

wie der Place d'Armes, das Theater oder der Justizpalast. Nach dem deutsch-französischen Krieg von 1870/71, als das heutige Département Moselle mit dem Elsass zum deutschen Reichsland gehörte, begannen umfangreiche Baumaßnahmen. Das Kaiserviertel (mit dem Hauptbahnhof als Beispiel wilhelminischer Baukunst und etlicher weiterer Baustile) bietet dafür viele Beispiele (siehe eigenes Kapitel).

Vor einigen Jahren bekam Metz das Label „UNESCO-Stadt der Musik" verliehen. Zu den Aushängeschildern zählt das vom spanischen Architekten der Postmoderne, Ricardo Bofill, erbaute Arsenal (ehemaliges Waffen-Arsenal, heute Kulturhalle). Die Oper gehört zu den ältesten Theaterhäusern Frankreichs und gar Europas. Zudem gibt es coole Indie-Clubs, wie La Chapelle – Les Trinitaires. Wie der Name schon sagt, handelt es sich hier um eine ehemalige Kirche, die zu einem Konzertort für Underground-Bands umgewidmet wurde. Und natürlich ist auch das Centre Pompidou ein echtes Highlight (siehe eigenes Kapitel). Im Quartier Amphithéatre unweit des Centre Pompidou entsteht mit dem Maison Heler ein ziemlich kurioses Hotel. Auf dem Flachdach des Hochhauses wird eine Art dekonstruiertes elsässisch-lothringisches Fachwerkhaus draufgesetzt, das von weithin sichtbar sein wird. Entwickelt hat die schräge Kombination der französische Star-Designer Philippe Starck. Das Maison Heler, das zur Hilton-Gruppe zählt, soll Ende 2024 eröffnet werden. Aktuell firmiert das Projekt auch unter dem Namen

Auch Metz hat Jugendstil, wie hier am Place Saint Jacques im Zentrum.

Fachwerkhaus auf Hochhaus – kreiert vom französischen Designer Philippe Starck.

des Designers: Hotel Starck. Es ist das erste Hotelprojekt in Europa, das der Designer komplett selbst entworfen hat. Die Kosten belaufen sich auf rund 23 Millionen Euro. Der Stephansdom, ein Meisterwerk gotischer Kunst, besticht durch 6.500 Quadratmeter Kirchenfenster und Fenster von Marc Chagall (siehe eigenes Kapitel). Unter den Arkaden am Place Saint Louis sind viele Restaurants und Bistros. Hier tobt das Leben im Ambiente der Patrizierhäuser aus dem 13. Jahrhundert. Metz ist bekannt für die Quiche Lorraine, das herzhafte Gericht, das seine Region schon im Namen trägt, hat längst einen Siegeszug rund um den Globus angetreten. Und wo schmeckt sie besser als in der Markthalle (marche couvert) direkt bei der Kathedrale? Ein Highlight ist das Mirabellenfest, das jeweils Mitte bis Ende August stattfindet. Zur Fete wird alles rund um die Frucht angeboten – von Tarte über Konfitüre bis zu Mirabellenschnaps. Zudem wird traditionell die Mirabellen-Königin gekürt. Einen großen Spieler, der die Atmosphäre der Stadt nachhaltig prägt, haben wir bislang noch unterschlagen: Die Mosel. Pittoresk schlängelt sich der Fluss durch die Karolinger-Stadt und macht manches Quartier zu einem „Klein Venedig". Es hat etwas von Zeitreise, wenn man entlang der historischen Gemäuer am Fluss auf den gut ausgebauten Wegen schlendert. Zudem hat die Bistumsstadt einen eigenen Yachthafen. Der Hafen ist der größte Hafen für Getreide in ganz Frankreich. Für Freunde hochwertigen Trödels interessant – der Metzer Flohmarkt ist der größte Brocante in Ostfrankreich und findet alle zwei Wochen in den Expo-Hallen des Messezentrums statt.

Blick in das imposante Kirchenschiff.

Ein Meisterwerk der Gotik

- *Kathedrale St. Étienne zählt zu den höchsten in Frankreich*
- *Jakobiner machten daraus Tempel der Vernunft*
- *Als der Kaiser kam, brach das Feuer aus*

Eines ist offensichtlich. Wenn Philippe Hiegel die Kathedrale von Metz betritt, dann spürt man die Begeisterung, die in ihm aufkommt, wenn er das gotische Meisterwerk, dessen Bau im 13. Jahrhundert begann, durchschreitet. „Schauen Sie, das 42 Meter hohe Kirchenschiff zählt zu den höchsten im gotischen Kirchenbau überhaupt, und die Kapelle der Templer ist einzigartig in ganz Lothringen", betont der Präsident des Fördervereins der Kathedrale. Und nicht nur das: Rund 6500 Quadratmeter Buntglasfenster zieren den imposanten Bau, der im Laufe der Jahrhunderte zum Wahrzeichen der lothringischen Kapitale wurde. Und ein Name fällt dann freilich immer wieder: Marc Chagall. Der weltbekannte Künstler war einer der Schöpfer, der die lichtdurchfluteten Glas-Kunstwerke schuf. In den 1960er-Jahren war dies. Die „Erschöpfung der Menschheit" und die Kreuzigung thematisierte das Genius mit seiner Kunst. „Seine modernen Fenster sind ganz behutsam und harmonisch mit den historischen Buntglasfenstern verbunden worden", sagt Hiegel, auch schon ein Buch über die Glasfenster der Kathedrale verfasst hat.

Freilich fällt dem Kirchenmann dazu auch manche Anekdote ein. Beispielsweise die vom Dombau-Meister Pierre Perrat aus dem 14. Jahrhundert, der sich zeitweise von seiner Aufgabe an der riesigen Kathedrale überfordert fühlte. So viel Glas und so wenig Steine, dachte er sich und drohte zu verzweifeln. Was also tun? Kurzerhand ging der Steinmetz – in einer Kathedrale nicht unbedingt üblich – der Legende nach einen Pakt mit dem Teufel ein. Als der Belzebub jedoch immer dreister in seinen Forderungen wurde, übertölpelte der gewiefte Baumeister ihn und konnte so seine Seele retten. Er tat nämlich folgendes: Nachdem er seiner Seele mittels Beichte beim Bischof doch noch Luft gemacht hatte, versprach dieser dem Baumeister, seinen Leichnam in der Kathedrale einzumauern, statt ihn auf dem Friedhof zu beerdigen. Denn so habe der Teufel keine Möglichkeit, seine tote Seele zu erhaschen. Perrat willigte erleichtert ein und sein Seelenheil war schließlich gerettet. Allerdings, wenn es

Die Kathedrale Saint-Étienne (zu Deutsch: Stephans-Dom) befindet sich im Zentrum der Stadt, auf dem Place d'Arms und ist schon von weitem sichtbar. Davor befindet sich ein Parkplatz sowie ein Parkhaus. Die Kirche ist täglich geöffnet. Kommentierte Führungen auch auf Deutsch möglich.
www.tourismus-lothringen.de

Die gotische Kathedrale von Metz zählt zu den höchsten in ganz Frankreich.

Zieren den Stephansdom: Buntglasfenster von Marc Chagall.

um den Dom besonders zugig ist, vermuten die Metzer, dass der Teufel doch noch verzweifelt versucht, seinen Lohn zu erhalten.

Da die Kathedrale Saint-Étienne, was ihre Höhe und Größe betrifft, in Frankreich bereits an dritter Stelle steht, grämt es Hiegel umso mehr, dass die staatlichen Gelder für die Restauration freilich stets den nötigen Investitionen hinterherhinken. Das hat natürlich einen Grund. „Ende des 19. Jahrhunderts erstellte man in Frankreich eine Liste mit allen wichtigen, historischen Bauwerken, einschließlich der Kirchen, um sie entsprechend monetär zu fördern. Aber Metz hat man schlicht und ergreifend vergessen", betont Hiegel, der sich seit Jahrzehnten für die Kathedrale Saint-Étienne stark macht. „Allerdings", so fügt er hinzu: „Vergessen ist wohl nicht ganz der richtige Ausdruck. In diesen Jahren zählte Metz eben zum Deutschen Reich und wurde daher nicht in die Liste aufgenommen. Die Folgen spüren wir heute noch." Während die andere große Stadt Lothringens - Nancy - nie vom Deutschen Reich einverleibt wurde, wurde Metz bekanntlich nach dem deutsch-französischen Krieg von 1870/71 Teil des Deutschen Reichs und blieb es bis 1918.

Im Jahr 1877 besuchte im Übrigen Kaiser Wilhelm I. Stadt und Kathedrale. Ihm zu Ehren wurde ein imposantes Feuerwerk veranstaltet. Doch der Schuss ging nach hinten los. Unglücklicherweise verursachte eine Rakete eine Feuersbrunst, die letztlich das Dach mit seiner hölzernen Konstruktion vollends zerstörte. Die Restaurierung dauerte mehrere Jahrzehnte. Der Stephansdom erlebte während seiner Bauzeit von 1220 bis 1520 Kriege, Epidemien und natürlich stets einen Mangel an finanziellen Mitteln, was immer wieder zu Unterbrechungen der Bautätigkeiten führte. Nach der Französischen Revolution wurde die imposante Kathedrale zur schlichten Pfarrkirche des Stadtzentrums umfunktioniert. Zwischendurch machten die Jakobiner sie auch gar zu einem „Tempel der Göttin der Vernunft". Letztlich fand sie jedoch wieder zur ursprünglichen Bestimmung zurück. Seit vielen Jahrzehnten wird jedes Buntglasfenster, jede Skulptur in akribischer Einzelarbeit wenn nötig restauriert, zudem die beeindruckende, gelbfarbene Außenhülle mit dem Stein von Jaumont aufwendig gereinigt. Eines ist in jedem Fall sicher: Nämlich, dass die Arbeit an dem imposanten Kalkstein-Gebäude nie ausgeht, auch seine Zeit überdauern wird, ist Hiegel durchaus bewusst. Aber dafür liebt er seine Kathedrale im Zentrum der früheren Karolinger-Stadt viel zu sehr, als sich darüber Gedanken zu machen.

Immer wieder finden sich auf dem Alternativ-Areal in Metz verschiedene Skulpturen und Kunstwerke.

Quartier für Kreative

- *In Metz finden im früheren Busdepot Entwickler und Designer zusammen*
- *Hotspot für Kreativwirtschaft*
- *Digitale Akteure auf Alternativ-Areal*

Die Kreativwirtschaft wird für viele Städte zu einem immer wichtigeren Faktor. In Metz ist dies nicht anders. Dort wurde im einstigen Depot des städtischen Busdepots ein Kreativzentrum auf gut 30.000 Quadratmetern installiert. Nun tummeln sich dort Start-ups, Programmierer, Kunsthandwerker, Digitale Entwickler, Grafiker, App-Designer, Szenografen oder Videofilmer, wo einst Omnibusse in Reih und Glied standen. Es gibt ein YouTube-Haus, ein Quartier für digitale Innovationen, ein Gemüsegarten, Co-Working-Spaces, ein Konzertraum und regelmäßige Festivals. Kooperationen unterhält man mit dem Centre Pompidou in der Nachbarschaft ebenso wie mit künstlerischen Einrichtungen in Straßburg. Rund 150 vorwiegend junge Menschen, oft frisch von der Uni, und 85 Start-ups sind in das Projekt mit seinem 1970er-Jahre Beton-Chic eingebunden.

„Hier hat man kreativen Spielraum. Jeder kann seine Ideen verwirklichen und sich mit anderen vernetzen", berichtet Gautier Raguenaud, verantwortlich für innovative Projekte bei Blida. Auf dem Areal gibt es Leute, die Food-Sharing betreiben und Lebensmittel vor dem Verderben retten. Es existiert ein Team, das Upcycling betreibt. Dies wiederum bedeutet, dass sie aus Metall, Schrott oder anderen Materialien, die ihr Leben längst ausgehaucht haben, neue Dinge herstellen. Wer möchte, kann sich 3-D-Drucker, CNC-Fräsen oder Laser-Scanner vor Ort ausleihen, um Dinge herzustellen. Dafür gibt es ein Projekt, das „Makerland" heißt und an dem auch die Bevölkerung von Metz partizipieren kann. „Jeder kann hier mitmachen. Solange er seine Ideen teilen möchte, egal, ob er etwas repariert oder etwas Neues erschafft. Das spielt keine Rolle", betont Raguenaud.

Eher zum klassischen Kunsthandwerk zählen Jennifer Gaspary und Anais Chappron. Erstere ist Designerin. Ihre Mission: Sie arbeitet mit Beton und gestaltet aus dem Material überraschend fragile Lampenschirme. „Beton ist ein spannendes Material. Ich schätze seine Haptik.", sagt die junge Frau mit dem Pferdeschwanz. Anais Chappron wiederum ist vom klassischen Jugendstil aus dem nahen Nancy inspi-

i

Kreativzentrum Bliiida, 7 Avenue de Blida Metz. Rund zehn Minuten von der Innenstadt entfernt. Besuche sind jeden ersten Freitag im Montag (15 – 18 Uhr) möglich. Zuvor anmelden, Führungen sind auf Französisch oder Englisch möglich.
www.bliiida.fr
contact@bliiida.fr

Digital Natives: (v.l.) Virginie Joalland, Loic Zimmermann und Gautier Raguenaud – temporäre Projektverantwortliche.

riert. Sie ist Töpferin und liebt organisches Design. „Das wirklich gute an Blida ist, dass ich mit so vielen anderen Handwerkern und Künstlerin in Kontakt komme. Wir machen gemeinsam Ausstellungen und - wir sind sichtbar. Das heißt, wir arbeiten nicht im stillen Kämmerlein, sondern tauschen uns aus und bieten Workshops an", erklärt die bereits für ihre Objekte prämierte Lothringerin.

Ein weiterer Kreativer ist Yannick Neuvillers, der mit Holz vorwiegend aus der Region Moselle arbeitet. Unter anderem baute er Bühnenbilder für das Opernhaus von Metz. Sein Credo: Atypische Möbel, welche die gängigen Codes brechen, herzustellen. Treffpunkt für alle Akteure ist die Kantine, die von ihnen selbst gestaltet wurde. Es ist ein schönes Bild, wenn sich Schreiner Yannick Neuvillers und Designerin Jennifer Gaspary gemeinsam an einen Tisch setzen - die Lampen über ihnen sind von ihr gestaltet, die Holz-Optik von ihm. Gespeist wird vornehmlich Bio-Food.

Raguenaud führt gemeinsam mit seiner Kollegin Virginie Joalland, die für die Kommunikation des Alternativ-Areals zuständig ist, weiter durch die zahlreichen Räume mit der

Designerin Jennifer Gaspary schätzt das Material Beton und macht daraus Lampenschirme.

Anais Chappron ist Töpferin und ist vom art nouveau inspiriert. Auf dem Blida-Areal bietet sie Workshops an.

fabrikmäßigen Atmosphäre, bei denen man immer wieder unerwartet auf Skulpturen und Kunst-Objekte stößt. Währenddessen schrauben einige Leute an klassischen Arcade Games aus den 1980er-Jahren und alten Flippergeräten. Retro Games sind auch bei Blida, das sich auch Bliiida schreibt, en vogue. Die drei -i stehen für Inspiration, Innovation und kollektive Intelligenz, klärt Raguenaud auf. „Wir verbinden hier Kunst und Technologie. Kultur- und Kreativwirtschaft finden hier zusammen. Die Zeiten, in denen Städte sich über ihre industrielle Geschichte definieren, sind vorbei. Wir möchten gemeinsam spannende neue Dinge entwickeln", berichtet der Blida-Projektmanager.

Sein Team verfügt über ein jährliches Budget von rund 1,8 Millionen Euro – subventioniert wird das Projekt von der Stadt Metz, der Grand Region Est und dem Interreg-Programm der EU. Rund ein Viertel des Budgets wird von Blida selbst erwirtschaftet. Entstanden ist die Idee bei der „Nuit blanche", der weißen Nacht, einem Kunst-Festival, das etliche Zehntausend Menschen auf das Areal führt. Das Gelände ist keine zehn Minuten von der Innenstadt entfernt. Jeder Künstler, der einen Platz bei Blida gefunden hat, kann dort etwa ein Jahr bleiben, ohne einen Obulus zu entrichten. Stattdessen erbringt er eine Gegenleistung mit seinem savoir-faire. Dann muss er weiterziehen und Platz für neue Projektideen machen. Start-ups dagegen zahlen eine geringe Miete. Festivals wie „Futuroklatsch", „Fabrik der Technonauten" oder Veranstaltungen wie „Makerland" sollen die Bevölkerung auf das Areal ziehen.

Uniform der französischen Zuaven-Garde: Elite-Truppe aus Nordafrika, vornehmlich Algerien.

„Es prasselt herab wie in Gravelotte“

- *Der Deutsch-Französische Krieg von 1870/71 im Museum*
- *Themenschwerpunkt Annexion von Elsass-Lothringen*
- *Revanchegedanke und Sedan-Tag*

Ein wenig wirkt es wie eine außerirdische Installation, das 2014 errichtete „Museum des Deutsch-Französischen Krieges 1870/71 und der Annexionszeit" in Gravelotte bei Metz. Zwischen den dörflichen, oft vom ockergelben Sandstein der Region geprägten Gebäuden ragt dieser dunkle, asymmetrische Monolith hervor. Gravelotte wurde nicht zufällig als Standort ausgewählt. Hier starben in einer einzigen Schlacht fast 32.000 Soldaten auf beiden Seiten. Im Französischen hat sich der Begriff eingeprägt „Es prasselt herab wie in Gravelotte". Gemeint ist, wenn sich schreckliche Ereignisse wiederholen oder es in Strömen regnet – angelehnt an das permanente Artilleriefeuer der preußischen Soldaten. Am 19. Juli 1870 begann der Deutsch-Französische Krieg. Oft wird er als Auftakt der „modernen Kriege" genannt, die im 20. Jahrhundert folgten, einhergehend mit ihrer enormen Vernichtungskraft und dem Verlust von vielen Millionen Menschenleben.

Auf rund 900 Quadratmetern sind mehr als 600 Exponate zu sehen. Natürlich sind Uniformen der Kürassiere, die typischen Pickelhauben der Preußen, Schlachtenbilder und zahlreiche Artefakte des Krieges zu sehen. Vor aber allem schafft das Museum einen analytischen Einblick, ordnet die Geschehnisse im Kontext der Weltgeschichte und ist im Grunde eher ein Antikriegs- denn ein Kriegsmuseum. Hilfreich für auswärtige Besucher ist die trilinguale Konzeption. Didaktisch aufbereitete Kurzfilme in Deutsch führen in die Vorgeschichte ein und ebnen den Weg zu den Folgen: dem preußischen Sieg, der Reichsproklamation in Versailles, der Einigung der Deutschen sowie der Annexion von Elsass-Lothringen ein. Etliche Karten zeigen ein Europa im Wandel und die Herausbildung der Nationalstaaten im 19. Jahrhundert. Skizziert wird das Streben Bismarcks nach der Einigung der deutschen Staaten und mittels Provokation Frankreich (Emscher Depesche) zu einem Krieg zu treiben, was wiederum dem einstigen „Erbfeind" in die Karten spielte. Auch die Nichteinmischung Frankreichs beim deutschen Krieg

i

Musée de la Guerre 1870 et de l'Annexion, Gravelotte (westlich von Metz) 11 rue de Metz.
Geöffnet von Anfang Februar bis Mitte Dezember eines Jahres. Di.–So. 10–13 Uhr und 14–18 Uhr.
Montags Geschlossen.
Informationen trilingual (Dt., Franz., Engl.)
www.museesgrandest.org

Didaktisch sehr gut konzipiert: das 2014 errichtete Museum in Gravelotte bei Metz, das auch auf Deutsch informiert.

Elsässische Familie trauert um den Verlust der französischen Provinzen auf diesem Gemälde.

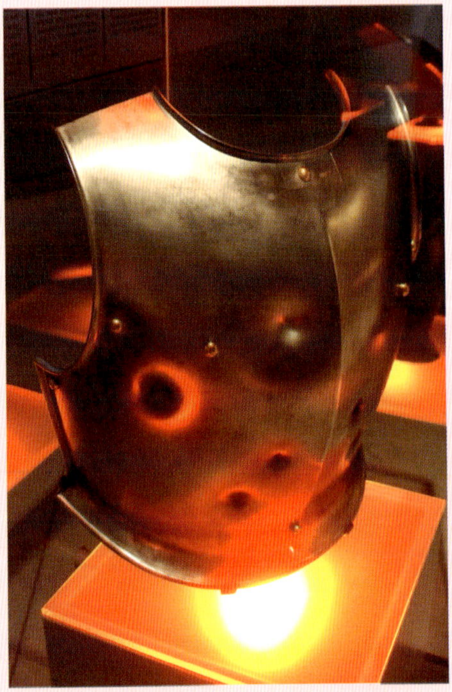

Brustpanzer eines französischen Kürassiers mit Kugeleinschlägen.

1866 und der Niederlage Österreichs wird thematisiert. Napoleon III. forderte für das „Stillhalten" die Abtretung des Saarlandes und der linksrheinischen Gebiete bis Mainz. Das Kriegsgeschehen selbst, die vernichtenden Niederlagen der Franzosen bei Wissembourg, Spichern und Woerth, die schließlich in der Kapitulation von Sedan enden, werden intensiv beleuchtet. Immer wieder kommen Zeitzeugen wie Korrespondenten und Karikaturisten zu Wort.

Ein großes Thema ist die Friedensregelung und die Abtretung von Elsass-Lothringen. Dies betrifft im Falle Lothringens ausschließlich die Region Moselle. Metz wird deutsch, Nancy jedoch nicht. Bis 1872 hatten Elsässer und Lothringer zu wählen, ob sie Franzosen bleiben wollen oder nicht. Im Optionsrecht entschieden sie, ob sie ihre Heimatregion verlassen. Zwischen 1870 und 1873 verließen 8500 Menschen die annektierten Gebiete und siedelten ins nach wie vor französische Nancy über. Viele wanderten auch in andere Teile Frankreichs oder in die USA aus. In die abgetretenen Gebiete rückten germanisierte, überwiegend protestantische Elsässer, Deutsche und italienische Arbeiter (viele arbeiteten in der lothringischen Kohleregion) nach. 1910 zählte man im „Reichsland Elsass-Lothringen" rund 300.000 Zuwanderer, was einen Gesamtanteil von 17 Prozent der Bevölkerung betrifft. Man erfährt (und sieht es auf Fotos), dass auf deutschen Postkarten der Annexionszeit 1871 bis 1918 häufig Grenzbeamte abgebildet sind, bei denen der Deutsche eher heiter, der Franzose eher finster dreinblickt. Während im „Reichsland" die Städte Straßburg, Metz oder Colmar touristisch beworben werden, wächst in Frankreich der Ärger über die Verstümmelung des Landes.

Der Revanchegedanke über die verlorenen Provinzen gedeiht im Stillen. Der Gedanke wird durch Chansons, Literatur oder in der Kunst als nationalstiftende Elemente genährt. Es gilt der Spruch „Niemals davon sprechen, immer daran denken". Derweil treibt der Kaiser die Germanisierung auf politischer Ebene voran. Zwar dürfen beispielsweise frankophone Zeitungen weiter erscheinen, es werden aber auch gleichzeitig die Städte im wilhelminischen Baustil neugestaltet (Neustadt Straßburg, Hauptbahnhof Metz). Naturgemäß sind die Gedenkkulturen hinsichtlich des Krieges von 1870/71 in Deutschland und Frankreich konträr. In Deutschland gilt der Sedantag als Tag des Sieges, in Frankreich entstehen nach Mars-La-Tour und Gravelotte patriotische Pilgerfahrten. In dem Museum sind diese und viele Facetten des Deutsch-Französischen Krieges hervorragend dokumentiert. Nur wenige Kilometer von Gravelotte entfernt, befindet sich das Geburtshaus und Museum von Robert Schuman (Scy-Chazelles bei Metz), der als Vorreiter der Montan-Union und bekanntlich als Urvater der Europäischen Union gilt. Beide Museen lassen sich im besten Sinne kombinieren (siehe Kapitel im Buch über Robert Schuman).

Heißluft-Ballons gibt es etliche in der Einrichtung am Chambley Aerodrome zu sehen.

Der erste Mensch, der vom Himmel fiel

- *Pilatre de Rozier gilt als erstes Luftfahrtopfer der Welt*
- *Lothringer stürzte 1785 mit seinem Ballon ab*
- *Pionier aus Metz gelang die erste Luftfahrt*

Man kennt die Gebrüder Wright oder Otto Lilienthal als Pioniere der Luftfahrtgeschichte. Auch die Gebrüder Montgolfier als Erfinder des Heißluftballons mag dem einen oder anderen geläufig sein. Doch Jean-François Pilatre de Rozier haben wohl die wenigsten auf der Rechnung. Der Physiker aus Metz gilt als das erste Todesopfer der Luftfahrtgeschichte. Am 15. Juni 1785 startete er mit königlicher Bewilligung mit einem Heißluft-Gas-Hybrid-Ballon von Boulogne-sur-Mer in Richtung britische Insel. Auf der Fahrt entzündete sich das Gemisch in etwa 900 Metern Höhe. Die Gondel stürzte mit dem bedauernswerten Pilatre de Rozier in die Tiefe. Der Lothringer ist der erste Mensch der Welt, der vom Himmel fiel. Aus einer Höhe, die kaum ein Mensch zu jener Zeit für möglich gehalten hätte. Ein Museum in Hagéville bei Metz widmet sich dem Leben des Luftfahrtpioniers und der Historie der Entwicklung des Heißluftballons. Das Aéromusée Pilatre de Rozier auf einem früheren Militärflughafen ist eng mit dem weltweit größten Heißluft-Ballonfestival in Chambley verbunden. Die Macher des Festivals betreiben auch das Museum über den ebenso kühnen wie technikbegeisterten Adligen, der mit 31 Jahren samt seiner Gondel am Boden zerschellte.

Damien Petit ist die Begeisterung über den Wagemut seines Landsmanns deutlich anzumerken. Er ist für das alle zwei Jahre stattfindende Ballonfestival als Piloten-Koordinator im Einsatz. Das Mondial Air Ballons steht für Superlative und ist im Guinness Book of Records notiert. 2017 gingen gleichzeitig 456 Ballonfahrer aus 67 Nationen in die Luft. Ein Weltrekord. Rund 400.000 Besucher sind bei der zehntägigen Leistungsschau der Ballonfahrer regelmäßig mit von der Partie – zuletzt aufgrund der Pandemie naturgemäß deutlich weniger. Für den jungen Piloten-Koordinator ist das historische Erbe ebenso bedeutend wie die Freude am Ballonfahren im Hier und Heute. „Pilatre de Rozier war ein absoluter Frei-

i

aéromusée Pilatre de Rozier, Aérodrome de Chambley, 11 Boulevard Antoine de Saint-Exupéry, Hagéville. Das Museum befindet sich auf dem Flughafen-Areal unweit von Metz. Dort wo alle zwei Jahre das große Ballonfestival stattfindet.
✆ 00 33 / 3 82 33 77 77
www.pilatre-de-rozier.com
Das Museum hat jeweils Fr. 9 – 18 Uhr oder auf Anfrage (Gruppen) geöffnet. Vom 15. April bis Ende Oktober eines Jahres.

Kurz vor dem Emporsteigen: Ballon-Szene des späten 18. Jahrhunderts en miniature.

geist. Er hat Geschichte geschrieben, als er mit seinem Ballon abhob. In letzter Konsequenz ist er für seine Vision gestorben."

Es ist nicht so, dass das Mitglied einer Freimaurer-Loge völlig unbedarft gleich beim ersten Versuch und in Überschätzung der eigenen Fähigkeiten und des technischen Geräts das Zeitliche segnete. Es war der dritte Versuch des Physikers und Chemikers, der ihm kein Glück brachte. Zuvor gab es außerdem eine Testfahrt gänzlich ohne menschliche Crew. Ein Schaf, eine Ente und ein Huhn kamen in den zweifelhaften Genuss so hoch oben zu schweben. König Ludwig XVI., Marie-Antoinette und der royale Hofstaat beäugten das tierische Spektakel gespannt. Eigentlich wollte der absolutistische Herrscher danach weitere Tests mit Sträflingen unternehmen, unterließ es jedoch. Daraufhin wagte der Mann aus Metz am 15. Oktober 1783 die erste Fahrt mit einem Heißluftballon der Brüder Montgolfier. Fast 30 Meter ging es empor. Es ist die erste verbriefte Luftfahrt der Menschheit. Allerdings mit einem kleinen Makel versehen, wenn man so will. Der Ballon war mit Seilen am Boden verankert. Gerade mal fünf Wochen später hob der Lothringer erneut ab, wohl berauscht von der himmlischen Grenzenlosigkeit. Gemeinsam mit seinem Landsmann François d'Arlandes hieß es diesmal: Leinen los. 25 Minuten dauerte der Trip über der Region Paris.

Rund 1.000 Meter Höhe erreichte das tollkühne Duo. Zu den Augenzeugen des Ungeheuerlichen zählten neben der königlichen Familie diesmal auch de Roziers Logen-Freund, US-Gründervater Benjamin Franklin, der damals als amerikanischer Diplomat in Paris weilte. Über seine abenteuerliche Fahrt berichtete der De Rozier später in der Schrift „Première expérience de la Montgolfière im Jahr 1784. Unnötig zu erwähnen, dass es sich dabei um die erste Freiballonfahrt der Welt handelte.

Der wagemutige Physiker stammt aus Metz, pflegte später in Paris beste Kontakte zum königlichen Hof.

„Er war nicht nur als Ballonfahrer in seiner Zeit weltberühmt. Er leistete auch Pionierarbeit auf dem Gebiet des Atemschutzes. 1785 entwickelte Pilatre de Rozier die Konstruktion des ersten Saugschlauch-Atemschutzgerätes. Auch an der Entwicklung von Phosphor-Leuchten war er beteiligt. Er war ein echter Entdecker", sagt Damien Petit. Mit 18 Jahren verließ der Pionier seine Heimatstadt und arbeitete als Apotheker in Paris. Er studierte Mathematik, Chemie, Physik und lehrte Naturwissenschaften in Reims. Der Franzose eröffnete später ein für die damalige Zeit revolutionäres Wissenschaftsmuseum in der französischen Hauptstadt und pflegte beste Kontakte zum Hof. Acht Monate nach seiner ersten Heldentat startete der Forscher mit seinem Fluggefährten Pierre Ange Romain den verhängnisvollen dritten Versuch. Zuvor entwickelte er aus der Montgolfière eine Mischung aus Heißluft- und Gasballon, die nach ihm benannt wurde. Monatelang feilte er an der Optimierung. Das Ende ist bekannt: Gemeinsam mit seinem unglückseligen Fluggefährten zerbarst der Gelehrte an der französischen Küste. In dem rund 400 Quadratmeter großen Museum bei Hagéville wird sein posthumer Ruhm sorgfältig gepflegt. Zahlreiche Exponate aus der Zeit des Luftfahrt-Pioniers sind zu sehen. Heißluft-Ballons, Zeitungsnachdrucke über die visionäre Tat, Miniaturen oder beispielsweise eine Singer-Nähmaschine, auf der die Außenhaut des Ballons genäht wurde. Der Sohn eines Gastwirts kam in der Zeit des Vorabends der Französischen Revolution 1789 hoch hinaus und fiel tief. „Er hat die Begeisterung für das Ballonfahren zum Leben erweckt, die bis heute anhält", betont Petit. Auch wenn das Festival nach dem Rückzug des Gründers Anfang 2024 kurz ins Trudeln kam, geht es auch 2025 wieder in die Lüfte.

Viele Kinder- und Schulklassen besuchen den Zoo in der Nähe von Metz.

Exotische Tierwelt in grüner Oase

- *Zoo Amnéville zählt zu den bedeutendsten Tierparks Frankreichs*
- *Weiße Tiger und Gorillas nördlich von Metz*
- *Zuchtprogramme für bedrohte Arten*

Wer einmal etwas exotischere Tiere als in städtischen Zoos in Deutschland erleben möchte, der ist im Zoo von Amnéville nördlich von Metz richtig. Hier tummeln sich weiße Tiger und Löwen, Gorillas, Orang-Utangs oder die seltenen Blutbrustpaviane. Gegründet wurde die Einrichtung von Michel Louis 1986. „Wir möchten die außergewöhnliche Vielfalt der Tiere auf dieser Erde zeigen. Das ist unsere Ambition", sagt der 68-Jährige, der sich mit der Einrichtung nach eigenen Worten einen Kindheitstraum verwirklicht hat. Rund 500.000 Menschen besuchen den Zoologischen Garten von Amnéville jährlich. Er steht, was die Besucherzahlen betrifft, in Frankreich an zweiter Stelle knapp hinter dem Zoo in Paris. Das liegt auch am großen Einzugsgebiet. Neben Frankreich kommen viele aus Luxemburg, Belgien oder dem deutschen Südwesten. Die Einrichtung liegt strategisch günstig in der Region Saarlorlux. Eines fällt bei einem Besuch sofort auf. Der Tierpark unterscheidet sich deutlich von den bekannten Zoos in Deutschland. Mit seinen Hütten, den vielem Buschwerk und Bambusplantagen wirkt er eher wie „Klein-Afrika" als eine vergleichbare Einrichtung hierzulande. Eher eine grüne Oase, offensichtliche Gitterstäbe sucht man vergebens. Die Schutzvorrichtungen sind in die Umgebung integriert.

Der Zoologische Garten von Amnéville hat eine Fläche von 16 Hektar und rund 2.000 Tiere aus fünf Kontinenten. „Uns ist es wichtig, seltenen Tierarten Raum zu gaben. Für viele vom Aussterben bedrohten Tierarten ist dies die letzte Überlebenshoffnung. Wir haben zahlreiche Geburten jedes Jahr zu verzeichnen, was Beleg für den guten Gesundheitszustand der Tiere und die Pflegequalität ist", sagt der studierte Zoologe. So kamen hier beispielsweise Wolfswelpen, Kängurus, Bisons oder Lamas zur Welt. Zu den Highlights für die

i

Der Zoo befindet sich rund 20 Kilometer nördlich von Metz, 1 rue du tigre Amnéville (über die A30/E25, bei Rombas). In der Region ist der Tierpark gut ausgeschildert.
Eintrittspreise: Erwachsene und Kinder ab 12 Jahren: 34 Euro, Kinder 3 - 11 Jahre: 29 Euro, unter 3 Jahre: gratis.
Im Ticket ist der Besuch des Extended Reality-Kinos inbegriffen. Es gibt auch Gruppentarife. Der Preis ist bei der privaten Einrichtung naturgemäß deutlich höher als in städtischen Zoos hierzulande.
Öffnungszeiten: April bis Juni 10 - 18 Uhr, Juli/August 9.30 - 19 Uhr, September 10 - 18 Uhr, Oktober 10 - 17.30 Uhr, November bis Februar 10 - 16.30 Uhr
www.zoo-amneville.com (auf Deutsch)

Aufwendige Falkner-Shows mit Greifvögeln und Flugshows mit Geiern zählen zum Repertoire.

Zählt zu den Highlights des Tierparks: der weiße Löwe.

Familiäre Szene: Ein Orang-Utan mit seinem Jungen im Zoo von Amnéville.

Besucher zählt zweifellos die Gorilla-Gruppe. Einer der Silberrücken weist eine Körperlänge von zwei Metern und ein Gewicht von 220 Kilogramm auf. „Das sind faszinierende Tiere. Deren Lebensraum in Kamerun oder im Kongo wird stark durch Wilderei, Kriege oder der Rodung von Wäldern eingeschränkt", erläutert Michel Louis. Die Gorillas sind Teil des Europäischen Zuchtprogramms für bedrohte Tierarten. Sie kommen aus den Zoos in Barcelona und Tel Aviv. Vor einigen Jahren rief der Zoo in Lothringen ein eigenes Erhaltungsprogramm zum Schutz der imposanten Tiere ins Leben.

Ebenso zu den Hinguckern zählen zweifellos die weißen Löwen. Sie stammen aus einem Reservat in der Nähe des Krüger-Nationalparks. Es handelt sich nicht um eine eigene Rasse, sondern um eine genetische Veränderung der Löwen Südafrikas. „Die Zulus sahen ihn als heiliges Tier, als Bote der Götter. Mit seinen eisblauen Augen ist er fast schon ein Wunder der Natur", erfreut sich der Zoo-Direktor nach wie vor täglich an den weißen Tigern ebenso wie an den weißen Löwen. Die Tiervielfalt auf dem Areal nördlich von Metz ist groß. Ob unter anderem Großer Ameisenbär, Polarwolf, Zwergseidenäffchen, Braunbär, Leopard, bis hin zum Feldhamster, Weißkopf-Adler oder dem Zwergflamingo gibt es etliches zu bestaunen. Ein Fokus der Einrichtung liegt auf Pädagogik. Rund 40.000 Schüler besuchen das Areal jedes Jahr. „Wenn nicht im Zoo, wo sonst kann man die Kinder für die Tierwelt sensibilisieren", meint der Franzose. Viel Wert wird auch auf Animation und Shows gelegt. So gibt es zu festen Uhrzeiten eine aufwendige Falkner-Show mit Greifvögeln zu sehen, ferner Flugshows mit Geiern oder Nashornvögeln. Auch kommentierte Führungen mit Pinguinen, Gorillas oder Nilpferden zählen zum Repertoire. Beliebt ist auch das Aquarium und die „Bucht der Seelöwen".

Allerdings sorgte die Einrichtung auch für etliche negative Schlagzeilen in den vergangenen Jahren. 2020 geriet der bislang privat geführte Zoo in finanzielle Schwierigkeiten. Ein französischer Investmentfonds sprang ein und übernahm die Schulden in Höhe von rund 50 Millionen Euro. In Turbulenzen geriet die Einrichtung mit dem ambitionierten Projekt „Tigerworld", für das eigens eine Halle für mehrere Millionen Euro gebaut wurde. Vorführungen und Dressuren der seltenen Bengalischen Tiger gibt es seither keine mehr. Auch andere Probleme belasten den Park. Nach einer Recherche von Radio France Bleu soll es unter anderem fragwürdige Praktiken beim Finanz- und Personalmanagement gegeben haben. Die Vorwürfe wurden von der Zooleitung jedoch zurückgewiesen. Der Zoo scheint nach der Finanzspritze wieder eine stabile Basis zu haben und hat nach wie vor geöffnet. Und: Die Besucher müssen sich nicht grämen. Die stolzen Tiger sind nach wie vor im Gehege zu bestaunen. Und über eines freuten sich die Zoo-Betreiber zuletzt besonders: Die weißen Tiger bekamen Nachwuchs: ihre Namen Aran, Hyun und Fouyou.

Architektur des Centre Pompidou Metz: Asiatische Pagode meets Münchner Olympia-Dach.

Meisterwerke zeitgenössischer Kunst

- *Das Centre Pompidou ist das kulturelle Highlight der Stadt*
- *Klassiker bis Popkultur*
- *Beeindruckende Architektur und der „Metz-Effekt"*

Seit 2010 ist es der touristische Anziehungspunkt und prägt das kulturelle Leben von Metz ganz entscheidend – das Centre Pompidou. Das Museum, das äußerlich wie eine asiatische Pagode gepaart mit dem Dach des Olympia-Stadions von München wirkt, ist das einzige Centre Pompidou außerhalb von Paris. In der Hauptstadt des Départements Moselle ist man entsprechend stolz auf das kulturelle Aushängeschild unweit des wilhelminisch geprägten Bahnhofsviertels mit seiner Gründerzeit-Architektur. Zweifellos ist die Außenstelle des Centre Pompidou in der lothringischen Provinz ein Meisterwerk der zeitgenössischen Architektur – geschaffen vom französisch-japanischen Architektenbüro Jean de Gastines/Shigeru Ban. Bereits das Gebäude mit seinem mächtigen Atrium unweit des Hauptbahnhofs atmet Kunst. Unter seinem beeindruckenden Dach – ein Holzgerüst, bedeckt von einer lichtdurchlässigen Membran – befinden sich drei Ausstellungsgalerien. Glaswände bieten in der oberen Etage einen atemberaubenden Blick auf Metz und seine berühmte Kathedrale.

Von einem „Bilbao-Effekt" kann man in Lothringen möglicherweise im Kleinen sprechen. In der Stadt im spanischen Baskenland wurde 1997 das Guggenheim-Museum eröffnet und sorgt seither für einen Besucheransturm. Jährlich kommen mehr als eine Million Besucher in die nordspanische Hafenstadt, die zuvor nicht unbedingt als touristischer Anziehungspunkt galt. Die Kombination von spektakulärer Architektur und ambitionierter Museumslandschaft nennt man seither den „Bilbao-Effekt". Und der „Metz-Effekt" in Lothringen kann sich ebenfalls sehen lassen. Auch hier gilt: Innovative Architektur trifft auf ambitionierte Ausstellungsmacher. Seit 2010 besuchten mehr als 5 Millionen Besucher das Centre Pompidou. Das Durchschnittsalter betrug 2023 rund 39 Jahre. Mehr als 350.000 Neugierige kommen Jahr für Jahr – natürlich exklusive der

Centre Pompidou Metz, 1 Parv. des Droits de l'Homme. Die Einrichtung hat täglich 10 – 18 Uhr ganzjährig geöffnet (dienstags geschlossen). Das Centre Pompidou ist nur wenige Minuten zu Fuß vom Hauptbahnhof Metz entfernt. Gruppenführungen auf Deusch nach Voranmeldung möglich.
www. centrepompidou-metz.fr
(Website auch auf Deutsch)

Moderne Kunst ist hier auf rund 11.000 Quadratmetern zu begutachten.

Corona-Krise. Die Einrichtung zählt damit mittlerweile zu den meistbesuchten Ausstellungsorten in Frankreich neben den bekannten Museen in der französischen Hauptstadt.

Etliche renommierte Ausstellungen gingen in der Vergangenheit über die Bühne. So beispielsweise die Präsentation bedeutender Werke aus der Sammlung des Musée national d'art moderne in Paris – insgesamt 700 der 780 ausgestellten Werke stammten aus den Beständen der Einrichtung in Paris. Ferner wurden bereits Werke zeitgenössischer Künstler ausgestellt, die speziell für diesen Anlass geschaffen wurden. „Chef-d'œuvre" (Meisterwerke) nannte sich die Eröffnungsausstellung, die viele Kulturinteressierte in die 120.000 Einwohner zählende Stadt lockte. Viel Glas trifft im Centre Pompidou auf lichtdurchflutete Räume und schafft so optimale Voraussetzungen, um das jeweilige Werk im Raum wirken zu lassen.

Auch mit Medienkunst oder Pop-Kultur befasst sich die noch junge Einrichtung immer wieder. Kunst auf Zelluloid hieß eine der Ausstellungen – Krimi-Klassiker des Altmeisters Hitchcock trafen dabei auf Werke des Gothic-Regisseurs Tim Burton oder Luis Bunuel. So wurde beispielsweise die düstere TV-Serie „Twin Peaks" des Alt-Meisters David Lynch („Lost Highway", „Mulholland Drive") im Rahmen einer 1980er-Jahre Popkultur-Retrospektive thematisiert. Oder: Pop-Art Ikone Andy Warhol und seiner Factory wurde eine große Ausstellung gewidmet. Auch der Einfluss den die 60s-Psychedlic-Band Velvet Underground, die Teil der Factory war, mit ihrem Bohème-Pop auf den Zeitgeist

Geometrisch, transparent, abstrakt: Die vorgestellte zeitgenössische Kunst im Centre hat viele Facetten.

Die 60s Psychedelic Rockband Velvet Underground wurde in der Ausstellung zu Warhols Factory thematisiert.

hatte, wurde dabei intensiv beleuchtet. Ungewöhnliche Skulpturen sah der Betrachter beispielsweise bei der Rekonstruktion eines kunterbunten Kunst-Ladens, der in Nizza abmontiert und in Metz eine temporäre Heimat fand. Gino Severinis Futurismus wurde bereits ebenso in den Fokus gerückt wie Andreas Gurskys kritischer Blick auf die Warenwelt. Eine weitere Ausstellung hieß „Paparazzi". Das Centre Pompidou widmete sich dem Phänomen und der Ästhetik der Schnappschüsse für die Yellow Press in Fotografien, Gemälden, Videos, Skulpturen und Installationen.

Sehenswert war ferner beispielsweise die Ausstellung „Formes libres". Die Ausstellung kreiste um die Faszination für einfache Formen – ob zeitgenössisch oder aus der Frühgeschichte stammend. Die Ausstellung stellte Themen der Industrie, Mechanik, Mathematik oder Archäologie in einen Kontext mit Objekten aus Kunst und Architektur. Das 20. Jahrhundert war neben der Abstraktion auch ein Zeitalter der klaren Linien. Maler, Architekten oder Designer, welche die Grundlagen der Formgebung für sich wieder entdeckt, wurden in den Fokus gerückt – nach dem Motto: zurück zum Essenziellen. Seit 2014 präsentiert die Einrichtung ferner eine Langzeitausstellung mit herausragenden Werken aus den Sammlungen der Schwester-Einrichtung in Paris. Zuletzt faszinierte die Ausstellung „Die Pforten des Möglichen", die bis Frühjahr 2023 rund 200 Werke von Künstlern (von den 1960er-Jahren bis heute), die sich unter dem Slogan „Laboratorium für Hypothesen" mit Science-Fiction auseinandersetzten. Oder: Anfang 2023 gab es 400 Werke zu sehen, die sich mit lebendigem Design, Evolution und Biomorphismus beschäftigten.

Sein Schreibtisch. Hier wurde die Erklärung für die Montan-Union verfasst, dem Vorläufer der EU.

Ein überzeugter Europäer

- *Maison Schuman widmet sich dem Wirken von Robert Schuman*
- *Einer der Gründerväter der EU*
- *Vater Lothringer, Mutter aus Luxemburg*

Was Robert Schuman über die vermeintliche Rechtstaatlichkeit in Polen, das Marginalisieren kritischer Medien in Ungarn oder die Korruption im Europaparlament sagen würde, kann man nur erahnen. In jedem Falle gilt der frühere Ministerpräsident und Außenminister Frankreichs als einer der „Väter Europas“. In Scy-Chazelles bei Metz ist dem 1963 verstorbenen Lothringer ein sehenswertes Museum gewidmet. Schließlich brachte Schuman mit der Erklärung für eine Neukonstruktion Europas (beginnend mit einer Montan-Union) die politische Förderation Europas mit auf den Weg. „Sein Ziel war es, eine gemeinsame Verwaltung für die Schwerindustrie zu schaffen, welche wiederum die Basis für die Rüstungsindustrie war. Damit sollte ein Krieg zwischen den Ländern Westeuropas künftig grundsätzlich vermieden werden, indem die Nationen industriell stark miteinander vernetzt werden“, erklärt Ghislain Knepper, der durch das „Maison Schuman“ führt. Der „Schuman-Plan“ von 1950 gilt als Ursprung eines geeinten Europas. Es handelte sich bei der Montan-Union quasi um einen Vorläufer des Gründungsvertrags der Europäischen Gemeinschaft. Sechs Länder (Frankreich, Deutschland, Italien, Belgien, Luxemburg und die Niederlande) unterzeichneten den Vertrag. 1958 folgten die Römischen Verträge, die Europäische Gemeinschaft und schließlich die Europäische Union, wie wir sie heute kennen.

„Schuman war ein Europäer durch und durch. Er ist im Luxemburger Stadtteil Clausen aufgewachsen, war im Ersten Weltkrieg in der deutschen Verwaltung tätig. Nach der Abtrennung Lothringens wurde er Franzose und kämpfte im Zweiten Weltkrieg in der Résistance. Als französischer Außenminister setzte er sich später für die Aussöhnung der beiden Nationen ein. Er war einer der führenden Persönlichkeiten der Vierten Republik“, so Knepper weiter. Gerade seine Jugend in Luxemburg hatte den Juristen sehr geprägt. Der Vater stammte aus Lothringen, die Mutter aus Luxemburg. Schuman studierte unter

Maison Schuman. Scy-Chazelles liegt westlich, rund 15 Minuten vom Metzer Stadtzentrum entfernt. Über die D103G erreichbar. Das Maison Schuman befindet sich in 8 - 12 rue Robert Schuman.
✆ 00 33 / 3 87 35 01 40
www.centre-robert-schuman.org
Geöffnet 5. Februar bis 11. Dezember Di. - So. 10 - 13 Uhr und 14 - 18 Uhr.
Das Haus ist Museum und Bildungszentrum mit Seminaren und Workshops, die sich mit Europa befassen. Neben dem historischen Wohnhaus kann man den Garten und die Wehrkirche besuchen.

Das Geburtshaus von Robert Schuman bei Metz.
Er war der erste Präsident der Europäischen Union.

anderem in Berlin und Bonn. Mehr Europa geht im Grunde kaum. Nach seinem Jura-Studium eröffnete er eine Anwaltskanzlei in Metz. 1952 legte er sein Amt nieder, hielt zwar dann und wann noch Vorträge, lebte aber eher zurückgezogen im Département Moselle. 1958 wurde Schuman zum ersten Präsidenten des Europäischen Parlaments gewählt. Im selben Jahr erhielt er aufgrund seiner Verdienste für Europa die Ehrendoktorwürde der Katholischen Universität Leiden in Belgien. Ebenfalls 1958 wurde ihm der internationale Karlspreis der Stadt Aachen für sein Engagement für die Einheit Europas verliehen.

Vordenker der EU mit der Montan-Union. Was Robert Schuman wohl heute über den Zustand der Europäischen Union denken würde?

1960 erkrankte der Politiker schwer. „Mit Hilfe von Vertrauten widmete er seine letzten Kräfte der Zusammenstellung seiner wichtigen Reden zu Europa, ehe er drei Jahre später starb. Man wird nicht als Europäer geboren. Man entwickelt sich dazu, lautete sein Credo. Der humanitäre Gedanke und sein tiefer katholischer Glaube prägten ihn", resümiert Knepper. Wenn man durch das „Maison Schuman" schreitet, sieht man alles andere als Prunk und Luxus. „Es ist ein typisches lothringisches Haus seiner Zeit. Natürlich ein Haus des Großbürgertums. Aber Schuman lebte sehr bescheiden. Den einzigen Luxus, den er sich leistete, war eine Bibliothek mit mehr als 8.000 Bänden, die bis ins Mittelalter zurückreichen", so der Guide, während er auf den Schreibtisch deutet, an dem Schuman die berühmte Erklärung verfasste, die zu einem geeinten und friedlichen Europa führen sollte. Rund 17.000 Interessierte besuchen das Haus nebst Museum und Garten pro Jahr. Ein Drittel davon sind Schulklassen. Briefwechsel, Karten und Filme dokumentieren das Wirken des Mannes, der stets bestrebt war, Europa zu einen. Ferner gibt es im Museum (bilingual) nebst Garten aktuelle Ausstellungen zu europäischen Themen.

Rund 20-Mal findet der Antik-Markt pro Jahr statt. Dieser ist ein wahres Panoptikum. Während der Pandemie fand der Trödelmarkt im Freien statt.

Paradies für Schatzsucher

- *Der Trödelmarkt in Metz gilt als der größte Ostfrankreichs*
- *Hochwertiger Trödel und Antikes*
- *Kurioses vergangener Tage*

Es ist kein gewöhnlicher Flohmarkt, der rund zwanzigmal im Jahr in den Messehallen von Metz über die Bühne geht. Vielmehr ist es ein wahrer Augenschmaus. Man könnte es auch anders formulieren: Es ist wie eine Zeitreise ins 19. Jahrhundert. Wohin das Auge auch blickt: Porzellan, historische Möbel, Standuhren, alte Gemälde, Silberbesteck, Blechspielzeug, wertvolle Vasen, Militaria, ganze Bistro-Einrichtungen oder Kurioses vergangener Zeiten. Der Flohmarkt in Metz gilt obendrein als der größte in Ostfrankreich und existiert bereits seit gut 40 Jahren. Allenfalls der „marché aux puces" in Belfort, südlich von Mulhouse, kann dem Flohmarkt in den Expo-Hallen von Metz – was Qualität der Exponate und Größe betrifft – in Ostfrankreich noch das Wasser reichen. Auch dort wird auf hohem Niveau gefeilscht und gehandelt, zumal draußen im alten Stadtkern. In Metz dagegen wechseln unabhängig von Wetterlaunen „indoor" und ganzjährig die kleinen Schmuckstücke ihre Besitzer. Allerdings fand der Markt aufgrund der Corona-Pandemie zuletzt auch Open-Air auf dem großen Parkplatz statt. Mittlerweile ist man jedoch wieder zurück in der Halle.

„Wir haben neben Frankreich viele Besucher aus Belgien, Holland, Luxemburg oder Deutschland. Auch aus England suchen hier immer wieder Trödelmarkt-Fans nach Schätzen", weiß Daniel Flenghi zu berichten, der bei der Messe Expo für den Flohmarkt verantwortlich ist. Wie zum Beweis flirren englische Sprachbrocken durch die Luft. Ein Ehepaar von der Insel ist auf der Suche nach speziellen Tabakdosen. Die exponierte Lage in der Region Saar-Lor-Lux macht den Markt in Metz zu einem beliebten Treffpunkt für eine internationale Schar von Antiquitätenhändlern. Während in den Anfängen etwa 100 Händler ihre Waren feilgeboten hatten, sind es heute fast 400. Flenghi schätzt die Zahl der Besucher pro Trödelmarkt auf etwa 10.000 bis 15.000. Viele warten schon vor Öffnung vor der Halle. Auch für den Tourismus sei das ein interessanter Faktor. Wobei wohl die wenigsten Geld in

i

Der Flohmarkt in Metz (Expo-Halle Messe) findet zwanzigmal im Jahr statt – immer samstags von 7 - 12 Uhr.
www.metz-expo.com, dann auf der Website auf marché aux puces clicken.
Empfehlenswert ist auch der Flohmarkt in Belfort unweit von Mulhouse oder der Brocante in der Altstadt von Nancy. Beide finden jeweils von Frühjahr bis Herbst statt, während der Indoor-Markt von Metz das ganze Jahr über die Bühne geht.

Und schnell mit dem erstandenen Schätzchen ab nach Hause, ehe jemand auf dumme Gedanken kommt.

der Stadt ließen, sondern sich schnurstracks von der unweit der Autobahn gelegenen Messehalle wieder auf den Weg in die Heimat machen.

Immer wieder auf dem Antikmarkt mit einem Stand vertreten ist Anthony Dene aus der Nähe von Phalsbourg. Sein Erkennungszeichen: eine alte Pinocchio-Puppe. „Daran erkennen Freunde und Bekannte, dass ich auf dem Markt bin, auch wenn ich gerade unterwegs bin und an anderen Ständen stöbere", sagt der Lothringer. Aktuell hat er ein originales historisches Emailschild aus den 1930er-Jahren der Marke „Ancre Pils" sowie der Brasserie Pecheur aus Straßburg zu veräußern. Letztere hieß abwechselnd Pecheur oder in der deutschen Übersetzung Fischer. Je nachdem welche Nation gerade im Elsass an der Macht war – Deutschland oder Frankreich. Der Trödelhändler hat aber noch etliches mehr im Sortiment. Kleinmöbel, Statuetten, alte Bierkisten von Kronenbourg, die heutzutage hippe Pedaleure gerne als Radkorb nutzen oder Porzellan und Steingut alter Manufakturen aus Ostfrankreich.

Einige Stände entfernt, werden weitere vermeintlich historische Emailschilder verkauft. Ein Mann aus Deutschland hat gerade das Emailschild mit dem „Riquet-Elefanten" als

Motiv erstanden, das für Schokolade wirbt. Kurze Nachfrage: Woher er das hat und wie viel er denn dafür bezahlt hat? „Das war günstig - 400 Euro", sagt der ältere Herr sichtlich erfreut. Er ist ganz offensichtlich Sammler und hat bei dem Händler, auf den er verweist, noch weitere Schilder gekauft. Ganz eindeutig: Er ist im Kaufrausch und denkt das Schnäppchen seines Lebens gemacht zu haben. Kurzes Stirnrunzeln eingedenk des Fakts, dass dasselbe Schild der Marke vor einiger Zeit auf einer Auktion für rund 30.000 Euro den Besitzer gewechselt hat. Natürlich will man den Stand, der das Goldstück, das um 1900 produziert wurde, mehr oder weniger verschenkt, genauer unter die Lupe nehmen. Der holländische Standbetreiber sagt ungerührt, er sei nur der Verkäufer und habe die Ware aus dem Hafen Antwerpen erhalten. Seiner Meinung sei alles Original, garantieren könne er jedoch nichts. Die „plaques emaillées" sehen in der Tat echt aus. Altersgerechte Patina, die sogenannte „Affenmalerei" der Produzenten auf der Rückseite, Rost, Signet des Emaillierwerks, stark gewölbt und schwer emailliert - daran sollte der Profi eigentlich die Echtheit der Reklameschilder, die in den 1920ern und 1930ern die gängige Werbeform darstellte, und an jedem Tante-Emma-Laden hingen, erkennen. Nichts deutet daraufhin, dass es Replika sind. Allerdings: Der gesunde Menschenverstand sagt, dass niemand derartig hochkarätige Schilder und dazu noch zu einem derart schlanken Preis unters Volk bringt. Schließlich ist der Niederländer nicht die Caritas. Also das naheliegende tun und alt eingesessene, französische Marktbeschicker rundherum nach ihrer Meinung fragen. „Ach, das sind alles fakes. Ziemlich gut gemacht. Da fallen viele drauf rein", meint der Elsässer schulterzuckend und fügt hinzu: „Die kommen aus Osteuropa oder Indien. Die werden teilweise über einen längeren Zeitraum im Boden vergraben oder mit dem Bunsenbrenner bearbeitet und so auf alt getrimmt." Tja, und auch auf einem eher hochwertigen Antik-Flohmarkt wie hier in Metz heißt es: Augen auf und besonnen bleiben!

Eine Besonderheit auf dem Markt in Lothringen ist zudem, was in Deutschland eher nicht vorstellbar ist. Ein regelrechtes Heer von Armee-Devotionalien wird hier veräußert. Neben Abzeichen, Helmen, Uniformen werden selbst Musketen offeriert. Kurioserweise finden sich so gut wie keine Utensilien aus dem Zweiten Weltkrieg hier in den Expo-Hallen der einstigen Reichsstadt. Der Fokus liegt eindeutig auf Militaria aus dem Ersten Weltkrieg, der in Lothringen und Verdun einst verheerende Spuren hinterließ sowie auf dem Deutsch-Französischen Krieg von 1870/71, der auch im Elsass wütete. Auf ein gutes Geschäft hofft ein Händler aus Straßburg. Er verkauft die Einrichtung eines kompletten Schuhmacherladens, der seine Pforten endgültig schloss. Erstaunlicherweise finden sich noch genietete Schuhe aus den 1920er-Jahren darin, die noch ungetragen sind. „Solche Sachen werden manchmal vom Theater Metz oder Straßburg für ihren Fundus gekauft", berichtet er.

Imposant der rund 300 Meter lange Hauptbahnhof Metz, im neoromanischen Stil erbaut.

Architektonische Vielfalt im Quartier Imperial

- *Umdenken bei Bewertung wilhelminischer Architektur*
- *Bahnhof zum schönsten Frankreichs gekürt*
- *Neoromanisch bis Jugendstil*

Auch wenn es mit dem Titel UNESCO-Weltkulturerbe für das Quartier Imperial von Metz auch nach etlichen Jahren immer noch nicht geklappt hat – für Architektur-Interessierte ist das Areal um den wilhelminischen Hauptbahnhof durchaus interessant. Und es spricht wohl Bände, dass der zwischen 1905 und 1908 errichtete Gare de Metz 2021 bereits zum dritten Male in Folge zum schönsten Bahnhof Frankreichs gekürt wurde. Es ist noch gar nicht so lange her, da stand das deutsche architektonische Erbe aus der Zeit von 1871 bis 1914 unter keinem guten Stern in der Karolinger-Stadt. Man nahm es wie es ist, aber wäre wohl nie auf die Idee gekommen, damit touristisch zu werben. Doch seit geraumer Zeit findet ein Umdenken in Ostfrankreich statt. Schließlich darf sich Straßburg mit seiner ebenfalls wilhelminisch geprägten „Neustadt" seit 2017 mit dem begehrten UNESCO-Weltkulturerbe schmücken. Möglicherweise kamen die Elsässer den Lothringern einfach zuvor.

Das Quartier in Metz repräsentiert den deutschen Urbanismus am Ende des 19. Jahrhunderts. Hier präsentiert sich eine breite Enzyklopädie der historischen und neuen Stile: Neoromanisch, neoklassizistisch, Gotik, Barock, Jugendstil und später art déco. Das kaiserliche Viertel von Metz zeichnet sich durch breite Straßen aus, die durch seine Hauptverkehrsader, die Avenue Foch, definiert ist. Die Avenue Foch befindet sich an der Stelle der ehemaligen Befestigung der Altstadt. Sie wurde zwischen 1903 und 1914 erbaut und besteht aus Villen mit kleinen Gärten aus der ehemaligen Reiterallee sowie großen Handelsgebäuden in der Nähe des Bahnhofs. Die Gebäude auf beiden Seiten bilden ein Gesamtbild der Vielfalt und des Eklektizismus der architektonischen Stilrichtungen. Das Areal in Bahnhofsnähe rund um den Place Raymond Mondon diente quasi praktisch als Stillabor für die damaligen preußischen Architekten. Allerorts stellt man eine hohe Variabilität von Stilen nicht nur in amtlichen, sondern auch in privaten Gebäuden fest. Meist erbaut im für Metz typischen ocker-gelben Jaumont-Kalkstein, aber auch von rotem Vogesen-Sandstein geprägt.

i

Quartier Imperial (Kaiserviertel) um den neoromanischen Hauptbahnhof Metz, 1 Place du Général de Gaulle, Schwerpunkt Avenue Foch.

Unscheinbarer Hinterhof an der Avenue Foch im art nouevau-Design.

Klassisches art déco-Gebäude in Metz in dem Areal um den Hauptbahnhof.

Entrée des einstigen Hotel Royal (heute Ibis Styles) in der Avenue Foch. Geschaffen hat es der Karlsruher Jugendstil-Architekt Hermann Billing.

Der nahe Bahnhof erzählt wiederum die wechselhafte Geschichte der Region. 300 Meter lang und aus Vogesensandstein erbaut. Einst verband das wilhelminische Gebäude der Gründerzeit nebst Kaisersaal mit der sogenannten „Kanonenbahn" Metz mit Koblenz, Trier und Berlin. Die Bildsprache der Skulpturen an der Fassade veranschaulicht unter anderem die gängigen Transportmittel jener Zeit – vom Schiff über die Droschke bis gar zum Zeppelin. Auf dem Glasfenster ist Karl der Große verewigt. Man munkelt, dass Kaiser Wilhelm II. die Augenpartie ganz unbescheiden nach seinen eigenen kreieren ließ. Noch vor wenigen Jahren war der „deutsche" Bahnhof, einst nach den Vorstellungen des deutschen Monarchen umgesetzt, eher unbeliebt. Heute steht er in der Beliebtheitsskala weit vorne, ebenso wie das Kaiserviertel als einstiges Architektur-Labor. Auch wenn das mit der erfolgreichen Weltkulturerbe-Bewerbung in weite Ferne gerückt ist – und laut der Tourismuszentrale von Metz auch nicht mehr offensiv nach außen kommuniziert wird – einen Besuch ist das Quartier Imperial zweifelsohne dennoch wert.

Exemplar aus Pappmache in der Kathedrale von Metz.

Ein fabelhaftes Untier

- *Altstadt-Rundgang auf den Spuren von „Graoully"*
- *Drachen ist Wappentier von Metz und in der Stadt allgegenwärtig*
- *Von der Kathedrale bis zum Bahnhof*

Feuer speiend und Flügel schlagend suchte er einst das altertümliche Metz heim. Die Rede ist vom Drachen „Graoully", der die Bewohner in Angst und Schrecken versetzte. Bis Clément, der erste Bischof von Metz, die Stadt von der gräulichen Kreatur befreite. Zum Dank wurde Clément heiliggesprochen. Diese Sage ist in der Bistumsstadt noch allgegenwärtig. Allerdings selbstredend heutzutage eher in folkloristischer Form. Aber an vielen Bauwerken ist das Untier noch verewigt. Die Stadt hat dem heute bunten Drachen einen eigenen „City Walk" geschenkt. So können die Besucher auf einem rund 1,5 Kilometer Rundgang durch die Altstadt auf den Spuren des Fabelwesens wandeln. „Graoully ist ein Symbol für die heidnischen, vorchristlichen Zeiten der Stadt. In Metz begegnet einem der Drachen noch oft. An Wänden oder Verzierungen. Selbst der Fußballverein FC Metz führt ihn im Wappen", berichtet Touristik-Führerin Estelle Trunkenwald. Speziell für Kinder gibt es eine geführte Tour, bei dem sie entdecken sollen, wie oft der Drachen im Stadtbild zu finden ist.

Die Symbole mit dem Bildnis des Graoully leiten den Spaziergänger vom Startpunkt bei der Cathédrale Saint Étienne zur Rue Taison, vorbei an dem Museé de La Cour d'Or, dem Patrizierhaus Hôtel Saint Livier, über den Platz Jeanne d'Arc bis hin zum Kloster LesRecollets, dem Rabelais-Haus und der Maison des Tête. Startpunkt ist vor dem Portal Notre-Dame-de-la-Ronde der Metzer Kathedrale. Unter den Statuen ist die von Bischof Clément schnell zu entschlusseln. Ein Detail zu seinen Füßen bringt sie auf die Spur – der gebändigte Drachen. Im Stephansdom befindet sich zudem eine Skulptur aus Pappmaché des feuerspeienden Wesens. Von der Kathedrale geht es über den Place d'Armes-Blondel in Richtung Office de tourisme am Rathaus vorbei geradeaus bis zu einem mittelalterlichen Gässchen, ganz in der Nähe des Musée de La Cour d'Or. Wenn man die Treppe nimmt, erblickt man auf der anderen Straßenseite eine der ältesten Abbildungen von „Graoully", dessen Namen sich sehr wahrscheinlich vom Deutschen „Gräulich" ableitet. Im Museum selbst gibt es etliche Darstellungen des Ungeheuers. Unter anderem eine Statue von Benedikt

> **i**
>
> Informationen zum Stadtrundgang bekommt man am Office de Tourisme bei der Kathedrale, wo auch der 1,5 km lange Rundgang beginnt. Geführte Besichtigungen auf Deutsch sind möglich.
> www.tourisme-metz.com.
> Seit Frühjahr 2024 befindet sich „Graoully" wieder hoch oben in der Rue Taison. Das 3,40 Meter hohe Fabeltier wurde komplett restauriert.

In der Rue Taison wurde geschwiegen, um das Untier nicht zu wecken.

Mancher nach dem „gräulichen" Viech.: In den Arkaden von Metz sucht noch

aus ockergelbem Jaumont-Sandstein mit dem gezähmten Ungeheuer.

An Verzierungen an Geländern und an Hausfassaden sieht man Hinweise auf den Drachen.

Der bekannte französische Schriftsteller und Humanist François Rabelais, der einige Zeit in Metz lebte, beschrieb es im 16. Jahrhundert so: „Seine Augen sind größer als sein Bauch, sein Kopf größer als sein Körper mit einem riesigen Maul und spitzen Zähnen." Der Hügel Colline Sainte-Croix ist die Wiege der Stadt. Gehen sie die rue du Haut-Poirier hinauf, dann rechts in Richtung Place Sainte-Croix und geradeaus weiter bis zur rue Taison. Woher sie ihren Namen hat? Vom Verb „taire" (schweigen) meinen die einen. So hielt man es vermutlich, als sich die Bewohner von Metz zuflüsterten, „lasst uns leise sein", um das Ungeheuer mit seiner Armee von 1.000 Schlangen nicht zu wecken. „Der Drachen soll sieben Jungen und sieben Mädchen gefressen haben. Clément fing den Drachen und schloss ihn in den unterirdischen Verliesen des Amphitheaters ein. Schließlich führte er das verschnürte Tier an den erschrockenen Bürgern vorbei hinaus aus der Stadt und in die Seille, einem Nebenfluss der Mosel", so die Touristik-Führerin weiter. Dort wurde er unter einem Fels begraben. Die Legende wird als Symbol für den Sieg des Christentums über das Heidentum gewertet.

Das Amphitheater bot einst Platz für 30.000 Menschen und sei die drittgrößte Arena außerhalb Italiens gewesen. „Es lag ungefähr zwischen Centre Pompidou und dem Hauptbahnhof", weiß die Frau, die aus Saargemünd stammt. Metz war eine wichtige Handelsstadt und Dreh- und Angelpunkt verschiedener Routen, unter anderem dem Handelsweg von Lyon nach Trier. Der „Graoully-Stadtrundgang" lässt sich auch an dem auf dem Pflaster eingelassenen Drachen-Symbol erkennen. Auf dem Weg kommt man unter anderem an einem ehemaligen Franziskaner-Kloster vorbei und der Gesellschaft des berühmten Pharmakologen Jean-Marie Pelt, der aus Metz stammt und in Nancy den größten Botanischen Garten Frankreichs gründete. Auch am wilhelminischen Hauptbahnhof von Metz kann man an der Fassade zwei Abbilder des Drachen entdecken.

Die Bibliothek der einstigen Benediktiner-Abtei: 50 Meter lang und fünf Meter Deckenhöhe.

Augenschmaus für Bibliophile

- *Benediktiner-Bibliothek in Saint-Mihiel*
- *9.000 historische Werke in früherer Abtei in Lothringen*
- *Bedeutende Dokumente ab dem 8. Jahrhundert*

Wer Bücher liebt, ist in der ehemaligen Abtei in Saint Mihiel im Département Meuse zweifellos an der richtigen Adresse. In einem Teil des mächtigen Gebäudes ist die Bibliothek der Benediktiner untergebracht. Und der Bibliotheksaal mit seinen stuckverzierten Decken, Eichenholzvertäfelungen und rund 9.000 Büchern ist ein echter Augenschmaus für Bibliophile. 1775 wurde die Bibliothek fertiggestellt – sie hat den Deutsch-Französischen Krieg von 1870/71 und zwei Weltkriege überlebt, allerdings mit Blessuren. Zunächst betritt der Besucher einen Vorraum mit Archiv, diversen Vitrinen und einer Stuckdecke, die kunstvoll die vier Jahreszeiten, die vier Elemente sowie vier der fünf Kontinente abbildet. „Der Elefant repräsentiert Asien, der Alligator Amerika, das Kamel Afrika und das Pferd Europa", erläutert Guide Dylan Beelmeon, während er auf die Abbildungen an der Decke deutet. Gemeinsam mit seinem Kollegen Matthieu Gellner führt er Interessierte durch die Einrichtung. Danach geht es in den eindrucksvollen Bibliotheksraum, der 50 Meter lang und fünf Meter hoch ist. Buch an Buch reiht sich in den Regalen an diesem Ort des Wissens. „Es gibt auf der einen Seite sechs Fenster, auf der anderen Seite elf Fenster. Dies ist so austariert, damit das Sonnenlicht den Büchern nicht zu sehr schaden kann", weiß der studierte Historiker Beelmeon.

In der kostbaren Sammlung befinden sich mitnichten ausschließlich religiöse Werke. Rund 900 Bücher befassen sich mit Stadtgeschichte, ebenso viele sind literarische Werke. 675 konzentrieren sich auf Rechtsfragen, 504 haben ihren Schwerpunkt auf Astrologie, Medizin, Philosophie, Zoologie, Numismatik oder Wehrkunde. Weitere 100 befassen sich mit Geografie und Reisebeschreibungen. „Es ist ein Blick auf die Welt in all ihren Facetten. Die Benediktiner spannen einen weiten Bogen von der Religion über die Historie bis zu den Naturwissenschaften. Die Mönche hatten ein großes wissenschaftliches Interesse. Ihre Abtei war ein wichtiges intellektuelles Zentrum", sagt Co-Guide Gellner. Zu den bedeutendsten Werken zählen 76 Handschriften ab dem 8. Jahrhundert.

i

Abbaye de Saint-Mihiel, Benediktiner-Bibliothek, 8 Rue du Palais de Justice. Saint-Mihiel liegt zwischen Bar-le-Duc und Pont-à-Mousson.
Es gibt ausschließlich Führungen und diese sind auf Französisch oder Englisch. In die Bibliothek selbst kann man nur einige Meter weit eintreten, das Gros des Saals ist gesperrt.
Öffnungszeiten: Di. – Sa. 10 – 12 Uhr und 14 – 18 Uhr, So. 14 – 18 Uhr.

Zentrum des Wissens. Das früheste Manuskript stammt aus dem 8. Jahrhundert.

Nicht nur religiöse Werke befinden sich in der Sammlung, wie hier ein Buch über Wehrkunde und Kanonenbau.

86 Frühdrucke (Inkunabeln) aus der Frühzeit des Buchdrucks und 1150 seltene Werke aus dem 16. Jahrhundert, zudem 5.000 handgeschriebene Ex-Libris der Benediktiner-Mönche. „Man kann es sich heute nicht mehr vorstellen, aber bis 1985 war die Bibliothek mit Bücherei-Ausweis frei begehbar. Studenten konnte sich Bücher, natürlich nicht die ganz alten und wertvollen, aber alle anderen ziemlich problemlos ausleihen. Aber als der Schwund zu groß wurde, beendete man das endgültig", erklärt Dylan Beelmeon schulterzuckend. Der bedeutendste Zukauf der Benediktiner fiel auf das Jahr 1688, als die Abtei die Büchersammlung des Kardinals von Retz erwarb. Jener war Erzbischof von Paris, jedoch im Exil. Seine Memoiren waren in Frankreich ein Publikumserfolg und wurden bis ins 19. Jahrhundert als eine Art Lehrbuch der politischen Intrige angesehen. Zu den wichtigsten Büchern im Bestand zählt „Le Graduel", ein Gesangsbuch aus dem 15. Jahrhundert. Es wurde in Paris in einer berühmten Manufaktur gefertigt und ist mit zahlreichen Initialen aus Gold versehen. Kostbare Zeichnungen fehlen jedoch mittlerweile. Das massive Oeuvre ist gut 30 Kilo schwer und weist ein Format von 60 auf 40 Zentimeter auf.

Auch das Messbuch der nicht weit von Saint-Mihiel entfernten Kathedrale von Toul zählt zum Bestand. Es ist das einzige erhaltene Exemplar des ersten in den Herzogtümern Lothringen und Bar (mit dem Zentrum Bar-le-Duc) gedruckten Buches. Eine reich bebilderte Handschrift über die „Reise in die heilige Stadt Jerusalem" von 1531 gehört ebenso zu den bibliophilen Schätzen wie die „Pseudo Athanasius", eine Handschrift aus dem 8. und 9. Jahrhundert. Das Werk beinhaltet feine mit Gold angereicherte Zeichnungen von Blumenmotiven. „Die Bücher sind nach den Themen Religion, Recht, Wissenschaft und Kunst, Literatur, Geschichte und Geographie geordnet, so wie es im 18. Jahrhundert in Frankreich üblich war", betont Matthieu Gellner, der in Metz Geschichte studiert hat. Nicht nur die Kriege, auch die Französische Revolution hinterließ ihre Spuren. Immerhin wurde die Einrichtung seinerzeit nicht zerstört. Stattdessen dienten die Säle als Lager für beschlagnahmte Bücher aus Archiven und Bibliotheken von Ordenshäusern und adligen Familien, die zuvor aus dem Städtchen geflohen waren. Die Bücher der Abtei wurden damals im Namen der Nation konfisziert und erst 1848 wieder an die Gemeinde Saint-Mihiel zurückgegeben.

Am heftigsten traf die Bibliothek der Erste Weltkrieg. Der Grund: Die Abtei liegt südlich von Verdun und befand sich unmittelbar an der Frontlinie. 1915 wurde die Bibliothek durch Beschuss und ausbrechendes Feuer erheblich beschädigt. 1930 war der Wiederaufbau beendet. „Im Laufe des Zweiten Weltkrieg kam es immer wieder zu Diebstählen. Ein Buch aus der Benediktiner-Sammlung wurde beispielsweise 1950 in einem Antikmarkt in Hamburg wieder entdeckt. Ein deutscher Soldat hatte es zuvor aus der Abtei gestohlen und dort verkauft", lautet eine historische Anekdote von Beelmeon.

Jacky Haim von der Lothringer Trüffelbruderschaft liebt den edlen Pilz.

Die Trüffelbruderschaft

- *Statt Schweine erschnüffeln Hunde die „Schwarzen Diamanten"*
- *Kalkboden und Haselnussbäume sind die Basis*
- *Im Mittelalter waren Trüffel in Lothringen Massenware*

Auf rund vier Hektar reiht sich Haselnussbaum an Haselnussbaum. Die Trüfferie in Saint-Remy-la-Calonne westlich von Metz ist bekannt für ihre gute Ausbeute an „Schwarzen Diamanten", wie der aromatische Luxuspilz gerne auch genannt wird. Im Jahr werden hier rund 150 Kilo Trüffel geerntet. Vor allem dem kleinen Yorkshire-Terrier ist das zu verdanken. Der zweijährige Vierbeiner ist ein Trüffelhund par excellence. Er wirbelt während der Trüffelsuche geradezu von Baum zu Baum, um eine der kostbaren Knollen nach der anderen knapp unter dem Erdreich zu entdecken. Der Korb füllt sich zusehends. Früher hatte man auch Schweine zur Trüffelsuche benutzt, aber die fraßen die aromatischen Pilze lieber selber auf, statt sie dem Herrchen zu überlassen. Diese Gefahr besteht bei dem Terrier nicht. Denn das Geheimnis des Trüffels heißt bei ihm schlicht Gruyère. Den Schweizer Käse bekommt der kleine Hund bei jedem Fund als Lohn. Im Übrigen: Die Hunde für die Suche zu trainieren, sei eine Wissenschaft für sich.

„Wichtig ist, dass man Hunde nimmt, die nicht älter als zwei Jahre sind, da bei ihnen der Spielbetrieb noch stark ausgeprägt ist. Zunächst habe ich einen Ball mit Käse präpariert, später dann die Trüffeln mit Käse vermengt. Für den Hund ist das Spiel. Er assoziiert den Trüffel mit Käse", berichtet der Patron. Und in der Tat, der kleine Bello kann gar nicht genug von seinem Spiel bekommen. Bis zu vier Stunden kann das am Stück gehen – sehr zur Freude des Hundebesitzers und Trüffelexperten, der ihn einst aus dem Tierheim holte. Allerdings macht ein guter Hund noch längst keinen entsprechenden Ertrag, wenn die Grundvoraussetzungen nicht stimmen. Speziell Kalkböden, wo einst Weinbau betrieben wurde, eignen sich für einen Trüffelhain. Nuss- oder Kastanienbäume, deren Wurzeln zuvor mit Trüffelsporen behandelt wurden, bieten die beste Basis – sind allerdings noch längst keine Gewähr, um später einen Goldesel zu melken. „Wir haben viel experimentiert. Mal hatten wir nicht die richtigen Trüffelsporen, mal machten uns Regenwürmer alles kaputt. Wer denkt, dass er mit einer

> **i**
>
> Die vom mittlerweile verstorbenen Michel Garzandat gegründete Trüffelzucht von Saint-Remy-la-Calonne (westlich von Metz, unweit der A4) kann Oktober und November nach telefonischer Voranmeldung (französisch) besucht werden. Zudem wird frischer Trüffel verkauft.
>
> ✆ 00 33 / 3 29 85 26 35
>
> www.truffiere.org

Im Mittelalter haben die Menschen Trüffel in waldreichen Gegenden in Massen gegessen.

Trüffelplantage ganz schnell reich wird, der irrt. Da muss schon Passion mit ins Siel kommen", meint der Chef der Truffière von Saint-Rémy-La-Calonne im Département Meuse.

Im Mittelalter haben die Menschen Trüffel im Übrigen fast wie heute Kartoffeln massenweise gegessen, weiß der Experte. „Die Kartoffel war noch nicht aus Amerika importiert, und es gab hier unendlich viele Waldgebiete. Durch die Flurbereinigungen wurde viel Natur zerstört und so auch der Lebensraum Trüffel." Während beispielsweise um 1900 in Lothringen noch mehr als 200 Tonnen Trüffel geerntet wurden, ist es heutzutage nicht einmal mehr ein Viertel davon. Auf den Märkten in Metz, Thionville oder Pont-á-Mousson wird die kostbare Ware von Anfang Oktober bis Dezember in stattlichen Größen und zu fantasievollen Preisen angeboten. Vor allem an Restaurants der Region verkauft der Trüffelier seine aromatischen Pilze.

Ein Meister seines Fachs ist auch Jacky Haim. Der Franzose ist Chef der „Lothringer Trüffelbruderschaft". Der einstige Küchenchef der „Auberge du Père Louis" in Houdelain-

Abenddämmerung im beschaulichen Städtchen Pont-à-Mousson. Neben in Metz findet hier im Herbst regelmäßig ein Trüffelmarkt statt.

court unweit von Nancy steht dabei keineswegs einem Geheimbund vor. Mehrere Restaurants und Trüffelplantagen der Region haben sich vor etlichen Jahren zusammengeschlossen, um für die Qualität des Lothringer Trüffels einzustehen, der so manches Menü veredelt. Was für ihn das Geheimnis des Trüffels letztlich ausmacht? „Es ist der einzigartige nussige, erdige Geschmack, der ein Menü auf eine andere Ebene bringt. Es ist eben ein außergewöhnliches Naturprodukt, das man nicht allzu oft findet", doziert der Maitre, der mit seinem Hund „wild" in den Lothringer Wäldern auf Suche geht, ohne einen eigenen Trüffelhain zu besitzen. Aber eines ist auch Jacky Haim klar. „Ohne meinen Hund – da wäre ich gar nichts", sagt der Mann der Trüffelbruderschaft und tätschelt zärtlich seinen Vierbeiner.

Jeweils an einem Wochenende Mitte November findet in der Abtei von Pont-à-Mousson ein Trüffelfest statt. Dort wird fleißig um das „schwarze Gold" lokaler Anbieter gefeilscht. Aber schon allein die imposante Klosteranlage, eine der bedeutendsten in Lothringen, ist einen Besuch wert. Sie ist als monument historique eingestuft. Mehr Infos zum Trüffelfest und zum Kloster unter www.abbaye-premontres.com

Prachtvolle Salons gibt es in dem Anwesen mit 17 Räumen bei Thionville reichlich. Auch der Garten der Anlage ist einen Besuch wert.

Adelsschloss als Kino-Kulisse

- *Im Chateau de la Grange wurde mancher Hollywood-Film gedreht*
- *Regisseur Peter Greenaway oder Actrice EmMannuelle Bèart schon zu Gast*
- *1715 erbautes Schloss in der Nähe von Thionville*

Cineasten haben es mit Sicherheit schon einmal zumindest auf Zelluloid gesehen, wenn auch nicht bewusst wahrgenommen – das Chateau de La Grange in Manom. Denn in dem alterwürdigen Schloss bei Thionville wurde so manche internationale Kino-Produktion gedreht. Beispiele gefällig? Der geniale britische Regisseur Peter Greenaway (bekannt durch filmische Meisterwerke wie „Der Kontrakt des Zeichners", „Der Bauch des Architekten" oder „Verschwörung der Frauen) drehte hier den Film „8 ½ Women". Die Schauspieler Demi Moore und Michael Caine gaben sich bei dem Thriller „Flawless" in La Grange die Ehre. Oder: In dem Drama „Nous trois" war die französische Actrice Emmanuelle Bèart zu Gast in dem Chateau von 1715.

Zahlreiche, vornehmlich französische und europäische Co-Produktionen wurden und werden in dem einstigen Adelsitz abgedreht. Warum gerade hier? Das weiß Schlossherr Marie-François de Selancy, der mit seiner Familie in dem Anwesen residiert natürlich ganz genau. „Der Kontakt kam über Filmproduktionen Anfang der 1990er-Jahre in Luxemburg zustande. Wir sind ja nicht weit von der Grenze entfernt und so viele Chateaus gibt es hier ja nicht. Da sind die Location-Scouts der Filmfirmen wohl auf uns gestoßen. Zeitliche und räumliche Aspekte spielen da sicherlich auch eine Rolle. Und mittlerweile hat sich das so etabliert."

Fraglos spielt auch die mondäne Atmosphäre des Wasser-Schlosses und die historische Komponente für die Wahl eine entscheidende Rolle. Wenn das Filmteam vor Ort ist – meist zwischen einigen Tagen oder mehreren Wochen – wird quasi rund um die Uhr in dem Chateau gedreht, denn Filmminuten sind bekanntlich sehr kostspielig. „Wenn die Crew vor Ort ist, wird in der Regel von früh bis spät gedreht. Für uns bedeutet das natürlich eine

i

Das Chateau de La Grange befindet sich am Ortseingang von Manom (Route de Luxembourg) nur einige Kilometer von Thionville entfernt, direkt an der D653.
Öffnungszeiten: Anfang April bis Ende Oktober an den Wochenenden und an Feiertagen. Ausnahmen: Juli und August, dann täglich Führungen: 14.30 Uhr, 15.30 Uhr, 16.30 Uhr. Einen Besuch wert ist die Gartenanlage des Schlosses. Gruppenführungen (ab 20 Personen) nach Voranmeldung (auf Engl. oder Franz.) möglich.
www.chateaudelagrange.com

Beliebter Drehort bei Regisseuren: das Chateau de la Grange in Manom im Département Moselle nördlich von Metz.

gewisse Einschränkung. Aber wir sind daran gewöhnt und finanziell ist es für uns ja auch nicht ganz uninteressant", sagt Marie-François de Selancy, der vor seiner Pensionierung in der Finanzindustrie im nahen Luxemburg gearbeitet hat, schulterzuckend. Große Probleme habe es bislang nie gegeben. Denn bei mehr als 17 Räumen (darunter etliche große Salons) kann man auch so seiner Wege gehen, ohne sich gegenseitig zu stören.

Einmal habe sein Vater den Regisseur Peter Greenaway, der für seine skurrilen, kunstvollen Film-Projekte bekannt ist, gefragt, was er da überhaupt mache. „Greenaway, ein sehr netter Zeitgenosse im Übrigen, hat nur die Stirn gerunzelt und gemeint: Ganz ehrlich, das weiß ich selbst nicht", erinnert sich der Schlossbesitzer schmunzelnd zurück. Leichte kommunikative Schwierigkeiten hatte es dagegen mit US Star Demi Moore gegeben. Man habe vonseiten des Schlosses leise angefragt, ob die lokale Zeitung L'Est Républicain („wir kennen da einige der Redakteure und versprachen mal nachzufragen") eventuell ein Interview mit Demi Moore führen könne. „Dann begann ein einziges Hin und Her. Es wurde mit ihrem Management in L.A. etliche Male telefoniert und gemailt. Viel Brimborium, dabei war sie ja hier vor Ort. Das war letztlich viel Rauch um nichts. Ich weiß nicht mal, ob das Interview am Ende zustande kam. Ich glaube, Demi Moore blieb am Ende einfach stumm." Marie-François de Selancy, der gewissermaßen dem Prototyp eines englischen respektive französischen Gentlemans entspricht, und eher für Understatement steht, ließ es damit bewenden.

Schlossherr Marie-François de Selancy begrüßte bereits schon etliche bekannte Schauspieler auf seinem Anwesen.

Im Übrigen sei er zwar kein ausgesprochener Cineast, aber die Filme, die in seinem Schloss gedreht wurden, hat er dann doch größtenteils gesehen. Schließlich will man ja schauen wie sich der Familiensitz so auf Zelluloid macht. Ein Besuch in dem stattlichen Anwesen mit der schönen Alleen-Einfahrt ist selbstredend auch ohne Interesse am Film-Hintergrund empfehlenswert. Das Schloss besitzt ein Ensemble bemerkenswerter Möbelstücke aus dem 18. Jahrhundert sowie Familienporträts, die einst von bekannten Künstlern wie Rigaud, Vestier oder Drouais gemalt wurden. Diverse Gobelin-Teppiche aus Flandern finden sich dort ebenso wie Fayencen aus Longwy und Luxemburg. Imposant ist ein fünf Meter hoher Steingutofen aus dem 18. Jahrhundert. Die prachtvollen Räume können – abgesehen vom privaten Wohnbereich – besichtigt werden.

Einst war das Chateau de la Grange im Besitz des Generalleutnants des Königs des pays du Metz. De Selancy und seine Familie sind direkte Nachfahren. Malerisch ist auch der Garten der Anlage. Dieser gehört zum Netzwerk „Jardins sans limites" (Garten ohne Grenzen). Mehr als zwanzig Gärten im Moselland, Luxemburg und Saarland zählen zu diesem Netz, unter anderem auch der „Garten für den Frieden" in der lothringischen Zitadellenstadt Bitche. Lange Buchsbaumreihen, die sich aus fast 100 Arten zusammensetzen, sowie einige 1.000 Lilien auf der anderen Seite des Wassergrabens sorgen im Sommer für eine blühende Pracht. Sehr schön sind auch die beiden Porzellanalleen, die aus schwarzen Steinen bestehen, in denen blaue und rote Porzellanquadrate eingelegt sind, die an eine Steingutfabrik erinnern, die im 18. Jahrhundert hier gestanden hatte.

Ständige Qualitätskontrolle hat bei der Produktion der Mandel-Dragées oberste Priorität.

Napoleon liebte sie

- *Schokoladen-Bomben aus Verdun*
- *Lothringische Festungsstadt ist bekannt für beliebtes Konfekt*
- *Skurrile Süßigkeit in martialischer Verpackung*

Verdun ist bekannt als *die* Festungsstadt Frankreichs. Weit mehr als eine halbe Million französische und deutsche Soldaten ließen dort während des Ersten Weltkriegs bekanntlich in einer schrecklichen Aufreibungsschlacht ihr Leben. Heute trägt die lothringische Stadt den Titel „Welthauptstadt des Friedens". Die 84.000-Einwohner-Stadt in der Region Meuse steht aber auch für ein ganz anderes, ein süßes Kapitel der Geschichte, das auf den ersten Blick für den Außenstehenden reichlich bizarr wirkt: Es handelt sich um Konfekt, verpackt in Bombenattrappen oder in Form von Handgranaten. Denn: In Verdun werden seit 1220 die berühmten Dragées aus Mandeln und Honig hergestellt, die sich weltweit größter Beliebtheit erfreuen. Im Laufe der Jahrhunderte wurde die Verpackung immer martialischer. „Wir verschicken unsere Spezialitäten nach Großbritannien, die Schweiz, Ungarn, Schweden, Japan oder beispielsweise in die Arabischen Emirate", sagt Patrick Heusele, Chef von Braquier, der ältesten und renommiertesten Bonbon-Fabrik der Stadt.

Über 100 Tonnen der Süßigkeiten produzieren die Bonbonniere pro Jahr. In Frankreich werden die Köstlichkeiten aus Zuckermandel und Staubzucker vor allem zu Hochzeiten, zur Kommunion oder zu Taufen als Glücksbringer gereicht. Denn die weißen Dragées galten schon im Mittelalter als Mittel gegen Kinderlosigkeit, wie ein Blick in die Historie beweist. Dem Zuckermantel des Bonbons schrieb man heilende Wirkung zu. Entwickelt hatte das Konfekt zu Beginn des 13. Jahrhunderts ein Apotheker aus Verdun, der ursprünglich Kekse backen wollte. Heraus kamen schließlich die Süßigkeiten mit dem weißen Zuckermantel, die auch zum Lieblingskonfekt beispielsweise von Napoleon oder Charles de Gaulle zählten, heißt es. Die Geschichte der Firma Braquier „Dragées de Verdun" – der größten Bonbon-Fabrik der Festungsstadt – geht bis auf das Jahr 1783 zurück. Bereits im Jahre 1660 wies Ludwig XIV im Übrigen darauf hin, dass „in Verdun sehr viel Handel mit Dragees getrieben wird".

Das Erfolgsrezept der Dragées will Patrick Heusele zwar als süßes Geheimnis für sich bewahren, einige kleine Einblicke gibt er dennoch. „Das ist eine Rezeptur,

Die Dragées von Braquier gibt es in 50 rue du fort de vaux, Verdun, zu den üblichen Ladenöffnungszeiten. Die frühere Garnissonsstadt liegt westlich von Metz.
www.dragees-braquier.com

Patrick Heusele präsentiert Dragées de Verdun von Braquier, Süßigkeiten in „Bomben“ verpackt.

Ein bizarres Sammelsurium: Außen martialisch, innen schokoladig.

die von Generation zu Generation weitergegeben wird. Wir benutzen nur Mandeln allerfeinster Qualität, die aus Sizilien oder Spanien stammen, und streng selektiert werden. Die Schicht aus Honig gibt dem Konfekt den letzten Schliff." Besonders erlesen seien Mandeln aus dem sizilianischen Dorf Avola, die in den Dragées Verwendung finden. So hat eine Mitarbeiterin als einzige Aufgabe, täglich etliche Tonnen Mandeln per Hand auszusortieren. Jede Steinfrucht wird dabei einzeln begutachtet und selektiert. Und: Nur die höchste Qualität findet schließlich den Weg in das Konfekt von Braquier. Bei rund sechs Grad werden die Mandeln gelagert, um ungeliebte Gäste wie Milben fernzuhalten. Ehe die Mandeln nun weiterverarbeitet werden, kommen sie in einen auf etwa 68 Grad beheizten Raum, um so in Ruhe zu trocknen. Anschließend werden sie mit Gummiarabikum - dem Pflanzensaft von Akazien - verkleidet, um zu verhindern, dass Öl austritt.

In einen separaten Raum, in dem Dutzende wie an einer Perlenschnur aufgereihte Kupfertrommeln gemächlich vor sich hinschleudern, wird schließlich allmählich Sirup hinzugegeben. Skurril ist die Verpackung der süßen Kalorienspender aus Lothringen. Wer will, kann die Dragées nämlich in Form einer Bombe mit nach Hause nehmen. In allen möglichen, monströsen Kalibern sind die Konfekte zu haben. Die Verbindung zu den Schlachten um Verdun und dem Ersten Weltkrieg ist natürlich schnell geknüpft und lässt Naschkatzen erschaudern. Aber da winkt Heusele schnell ab, von Stilbruch will der traditionsbewusste Firmenchef nichts wissen. „Die Dragées in Bombenform gab es schon weit vor dem Ersten Weltkrieg in Verdun. Das hat damit nichts zu tun. Diese Form der Verpackung existiert bereits seit Ende des 18. Jahrhunderts. Verdun ist nun mal eine alte Garnisonsstadt und da hat man sich für die Soldaten als Marketinggag eben schon sehr früh so etwas ausgedacht. Das hat eine ganz lange Tradition, weit vor 1914", sagt der gebürtige Nordfranzose.

Rund 1500 Schokoladen-Hülsen werden pro Jahr exportiert, insbesondere nach England, während die martialischen Konfekt-Bomben in die USA beispielsweise längst nicht mehr exportiert werden dürfen. Heutzutage arbeiten rund 60 Mitarbeiter bei Braquier, um die Bonbons in aller Herren Länder zu verschicken. In Deutschland sind die „Dragées aus Verdun" im Übrigen kaum verbreitet. Eine wirkliche Erklärung hat der Firmenchef dafür auch nicht. „Vermutlich ist diese Tradition der Süßwaren in Deutschland nicht so stark ausgeprägt wie bei uns. Man kann schlecht sagen, woran das liegt", meint er schulterzuckend. Dem Geschäft mit den „süßen Bomben" aus dem Osten Frankreichs, die in Massen konsumiert so manchen Zahn vor eine echte Herausforderung stellen, tut dies jedoch keinen Abbruch.

Das Entree des beindruckenden Wohnhauses von Louis Majorelle.

Nancy und der Jugendstil

- *Außergewöhnliches architektonisches Ensemble*
- *Villa Majorelle Musterbeispiel der neuen Kunst*
- *Kunsthandwerker wie Emile Gallé führten Bewegung an*

Auf sein städtebauliches Ensemble darf Nancy mit Recht stolz sein. Nach Paris beherbergt die Stadt das größte Jugendstil-Ensemble des Landes und gilt mit der Kapitale als Geburtsort des Jugendstils in Frankreich. Entstanden ist die „Ecole de Nancy" an der Wende vom 19. zum 20. Jahrhundert. Als das Elsass und Teile Lothringens 1871 durch das Deutsche Reich annektiert wurden, flüchteten viele französische Intellektuelle und Künstler nach Nancy, das auf einmal Grenzstadt wurde. In diesem besonderen Klima entstand die „Neue Kunst", die Art nouveau, wie die französische Ausprägung des Jugendstils genannt wird. Noch heute lassen sich die Spuren dieser Epoche durch die ganze Stadt verfolgen: Die Villa Majorelle, die Brasserie Excelsior, die Handelskammer, Banken oder Stadtvillen sind exemplarische Gebäude, die von der kreativen Kraft dieser Bewegung zeugen. Sie verband sich mit dem Kunstgewerbe (Glas, Keramik, Kunstschmiedearbeiten, Glasmalerei, Kunsttischlerei) und setzte sich im täglichen Leben als Gestaltungskraft durch. Die Häuserfassaden wurden mit floralen Motiven verziert, die anmutig in die Höhe rankten. Die Natur in ihrer farbenfrohen Pracht war überall präsent. Der wirtschaftliche Aufschwung der Stadt kam den Kunsthandwerkern zugute. Innerhalb weniger Jahre wurde Nancy eines der wichtigsten Zentren der dekorativen Kunst in Frankreich.

Die Lothringer Kreativen hatten die Intention, das Kunstgewerbe aufzuwerten, um die strenge Grenze zu den sogenannten „reinen Künsten" (Architektur, Malerei, Bildhauerei) aufzuheben. Die Gestaltung sollte alle Lebensbereiche durchdringen und allen zugänglich gemacht werden. Sie ließen sich vor allem von der Natur inspirieren, die sie durch ihre Techniken in neue Formen gossen. Bei dieser künstlerischen Suche spielte Emile Gallé (1846 - 1904) eine wichtige Rolle. Er verhalf dem aufkommenden Stil zum Durchbruch. Ab 1877 leitete er den Kristall- und Keramik-Handel seines Vaters. Er entwickelte neue Formen und Dekors, wobei er sich von der Pflanzenwelt und seiner Vorliebe für alles Orientalische inspirieren ließ. 1889 bei der Weltausstellung in Paris

Musée de l'Ecole de Nancy,
36-38 rue du Sergent Blandan
Öffnungszeiten: Mi. - So. 10 - 18 Uhr.
Villa Majorelle, 1 Rue Louis Majorelle,
Mi. - So. 9 - 12 Uhr und 14 - 18 Uhr geöffnet.
Sonntags (11 Uhr) gibt es eine Führung
(auf Französisch). Beide Museen sind unter
www.musee-ecole-de-nancy.fr
zu erreichen und lassen sich bestens kombinieren.

Die Villa Majorelle zählt zu den Vorzeigeexemplaren in Sachen Jugendstil in Nancy.

sorgte er mit seinen Arbeiten für Furore. Gallé fand in Nancy viele Anhänger – insbesondere die Möbel des Kunsttischlers und Glaskunstmeisters Louis Majorelle zeugen von der Erneuerung der Formen. Die Internationale Ausstellung Ostfrankreichs 1909 war die letzte große Veranstaltung der École de Nancy, die mit dem Ersten Weltkrieg ein Ende fand. Das Musée de l'École de Nancy befindet sich im ehemaligen Wohnhaus Eugène Corbins, der als Mäzen der Art Nouveau-Bewegung auftrat und die Zeitschrift „Art et Industrie" herausgab. Das Masson-Esszimmer, ein Werk von Eugène Vallin, ist dort fast vollständig ausgestellt. Weitere Unikate und wertvolle Exponate sind dort zu sehen, unter anderem das Bett „Aube et crépuscule" (Morgen- und Abenddämmerung) oder der Tisch „Le Rhin" (Der Rhein) von Émile Gallé sowie das „Schlafzimmer der Villa Majorelle". Die Möbel des Schlafzimmers sind aus japanischer Esche und Erlenholz mit Intarsien aus Perlmutt und Kupfer gestaltet. Majorelle zeichnet sich darin in der Kunst der durchgehenden Linie, der Flüssigkeit und Eleganz der Formen und Details aus.

Bemerkenswert ist zudem die Villa Majorelle. Das Wohnhaus des Industriellen Louis Majorelle ist ein Paradebeispiel des Jugendstils. Von 2016 bis 2020 wurde sie für rund 3,5 Millionen Euro aufwendig restauriert. Der Lothringer galt als einer der Innovatoren der neuen Kunstrichtung. Der Majorelle-Stil mit seinem Erfindungsreichtum setzte sich auch in Paris durch. Die Gruppe um Gallé und Majorelle stand für ein erschwingliches, elegantes und funktionelles Kunstgewerbe. Sie produzierten sowohl luxuriöse Stücke für eine wohlhabende als auch Serienprodukte für eine weniger wohlhabende Klientel. 1902 zog die Familie Majorelle in das vom Architekten Lucien Weissenburger errichteten Haus. Hier

Von Jacques Gruber gestaltetes Fenster mit floralen Elementen.

Das Schlafgemach der Industriellenfamilie in der Villa Majorelle.

wurde mit der Tradition des horizontalen symmetrischen Gebäudes gebrochen, Fenster und Außentüren neu angeordnet. Bereits im Vorraum wird das Prinzip der Einheit, das den Jugendstilkünstlern wichtig war, durch die wiederholte Verwendung eines Silberblatt-Motivs auf vielen Einrichtungselementen deutlich. Im monumental wirkenden Treppenhaus bringt der dynamische Schwung des mit Efeublättern-Schnitzereien verzierten Geländers ein Gefühl von Wachstum und Bewegung. Beeindruckend ist ferner das von Jacques Gruber gestaltete Fenster mit seinen floralen Elementen. Im Esszimmer ist heute noch die Originaleinrichtung erhalten. Die Holztäfelungen und Möbel, die bei Majorelle aus verschiedenen dunklen Hölzern hergestellt wurden, sind mit einem Getreidemotiv geschmückt, Zudem sieht man prächtige Holzvertäfelungen mit Tierdarstellungen, das Tischservice besteht aus Limoges-Porzellan. Insbesondere der Detailreichtum und die fantasievolle Gestaltung faszinieren. Selbst die Befestigungen für die Rohre der Regenrinnen sind in Form von Wasserpflanzen gestaltet. Die Villa, die schon früh mit Elektrizität und Warmwasser ausgestattet war, ist ein Schaufenster für den Jugendstil. Das Wohnzimmer, das bei einer Bombardierung 1916 stark beschädigt wurde, beinhaltet Möbel mit Kieferzapfen-Ornamentik. Sehr schön ist die Libellen-Schreibtischlampe, die aus einer Kooperation mit dem Glaskünstler Antonin Daum entstand. Die Terrasse besteht aus einem Sockel aus emailliertem Steinzeug und Malereien, die den Sonnenaufgang symbolisieren. Im Schlafzimmer dominieren die warmen Farben, die Pechkiefern nachahmen. Mit dem Badezimmer wurden Schlafzimmer und Ankleide als letzte Phase der Renovierung 2021 und 2022 restauriert.

Kunstvolle, vergoldete Schmiedearbeiten prägen den Platz im Herzen Nancys.

Stadt der goldenen Pforten

- *Place Stanislas – Herzstück der Mirabellenstadt*
- *Ensemble ist UNESCO-Weltkulturerbe*
- *Gitter von Jean Lamour stilprägend*

Nancy, die Hauptstadt der Herzöge von Lothringen, ist bekannt für ihr prächtiges architektonisches Ensemble aus dem 18. Jahrhundert. Seit 1983 zählen der Place Stanislas, der Place de la Carrière sowie der Place d'Alliance zum UNESCO-Weltkulturerbe. Der Place Stanislas mit seinem italienisch anmutenden Ambiente, den Terrassen, Pavillons und Brunnen sowie seinen zahlreichen Schmuck- und Gitterelementen gilt als das Herz der Kapitale des Départements Meurthe-et-Moselle. Obendrein zählt der Platz (von 1752 bis 1755 errichtet) mit seinen vergoldeten Portalen zu den schönsten urbanen Plätzen Frankreichs. Deshalb wird Nancy zuweilen auch „Stadt der goldenen Pforten" genannt.

Konzipiert wurde die Anlage von dem aus Nancy stammenden Hofbaumeister Héré. In seiner Mitte steht die Bronzefigur des Herzogs Stanislas, am Sockel des Standbilds liest man die Gravur: Stanislas dem Wohltäter, das dankbare Lothringen. Das UNESCO-Weltkulturerbe umfasst die vier genannten Elemente: Place d'Alliance, gesäumt von Privathäusern mit einem prächtigen Brunnen im Zentrum, Place de la carrière, ein früheres Areal für Reiterspiele und Turniere, den Triumphbogen Arc Héré, der Richtung Paris ausgerichtet ist, zur Würdigung von König Ludwig XV., Schwiegersohn von Stanislas, dem letzten Herzog Lothringens. Und nach ihm ist auch der Hauptplatz des Ensembles, der Place Stanislas, im Zentrum der Mirabellenstadt benannt.

Im Süden des Areals ist die große Fassade des Rathauses mit dem Wappen Stanislas' und der Stadt Nancy verziert. Im Osten befindet sich das Grand Hôtel de la Reine und die Oper von Nancy-Lorraine. Im Westen liegt der Pavillon Jacquet und das Museum der Schönen Künste. Im Norden sieht man die niedrigen Fassaden der „Basses Faces", die aus militärischen Sicherheitsgründen nur bis zur ersten Etage der anderen Pavillons

i

Der Place Stanislas befindet sich im Zentrum der Stadt. Im Sommer finden dort immer wieder Veranstaltungen statt: Beispielsweise Rendez-vous Place Stanislas mit Videoprojektionen und Illuminationen zur Geschichte Lothringens (Juni – September), die Buchmesse Le Livre sur la Place (September), Jardin Ephémère (Vergänglicher Garten) jeweils im Oktober. Es gibt für Nancy einen City-Tages-Pass (19 Euro). Darin enthalten ist der Zugang zu diversen Museen, eine Audio-Guide-City-Tour sowie Nutzung des ÖPNV. Zudem Ermäßigungen in Restaurants und Geschäften

Die markanten Tore sind ein beliebter Treffpunkt für Einheimische wie Touristen.

Mitte des 18. Jahrhunderts wurde der prächtige Place Stanislas errichtet. Hier trifft man sich nicht nur im Sommer.

reichen und dem Platz eine gewisse Leichtigkeit verleihen. Ursprünglich sollte der Platz nur auf drei Seiten bebaut werden, aber Stanislaus bestand darauf, dass die vierte Seite auch bebaut werden sollte. Rund um den Platz verbinden die vergoldeten, geschmiedeten Gitter von Jean Lamour die Gebäude des klassizistischen städtebaulichen Ensembles auf elegante Weise miteinander. Ebenso wie die Amphitrite- und Neptunbrunnen von Barthélémy Guibal repräsentieren sie die Kunst des Rokoko-Zeitalters.

Die Mitte dieses Königsplatzes zierte ursprünglich eine Bronzestatue von Ludwig XV. Diese Statue wurde während der Französischen Revolution eingeschmolzen und 1831 durch eine neue, der von Stanislas, der als aufgeklärter Monarch in die Geschichte einging, ersetzt. Und genau an diesem zentralen Platz trifft sich die Einwohnerschaft Nancys, trinkt einen café au lait in einem der zahlreichen Straßencafés, flaniert umher oder verabredet sich an einer der goldenen Pforten.

Guy Michel präsentiert das berühmte Konfekt in seinen unterschiedlichen Verpackungen.

Süßsaurer Zitrusgenuss

- *Bergamote de Nancy wird nach altem Rezept hergestellt*
- *Schon König Stanislas liebte es süß*
- *Auch als Parfüm und in der Medizin gefragt*

Kaum eine Region in Frankreich ist so bekannt für sein Konfekt wie Lothringen. Beispiele gefällig? Madeleines aus Commercy, Macarons aus Boulay-Moselle, Croquets et Rochers aus Saint Mihiel oder Baba au Rhum und Bergamote de Nancy. Naschkatzen läuft da sicherlich das Wasser im Mund zusammen. Eine solche war ganz offensichtlich auch Herzog Stanislas von Lothringen. Seine Zuckerbäcker mussten sich schon etwas einfallen lassen, um den Monarchen bei Laune zu halten. Und hier sind wir bei der Bergamote de Nancy, dem zuckersüßen Wahrzeichen der Hauptstadt des Départements de Meurthe-et-Moselle. im Jahr 1898 wurde Bergamote de Nancy vom Patissier Louis Lefèvre-Denise als Marke registriert. Bei der Internationalen Ausstellung 1909 in Ostfrankreich erhielt das bernsteinfarbene Bonbon mit dem leicht bitteren, säuerlichen Geschmack seine offiziellen Weihen.

Doch die Süßigkeit hat eine weit längere Historie. Bereits im 15. Jahrhundert hatte René II., Herzog von Lothringen sowie König von Neapel und Sizilien, die Bergamotte-Frucht importiert. Nur im heißen Klima von Süditalien gedeiht die natürliche Kreuzung aus Zitrone und Bitter-Orange bestens. Etwas mehr als zwei Jahrhunderte später nutzte Stanislas' Zuckerbäcker das leicht bittere Bergamotte-Öl gerne für das Zitronensorbet seines geschätzten Königs. Und wiederum 100 Jahre später, etwa so um das Jahr 1857, hatte ein in Lothringen lebender deutscher Konditor gemeinsam mit einem Parfümeur die zündende Idee, aus Zuckersirup und einem Schuss Bergamotte-Öl die heute noch genauso verarbeiteten Bonbons herzustellen.

Nun machen wir einen erneuten Zeitsprung ins Hier und Jetzt in die Chocolaterie Alain Batt am Rande der Innenstadt von Nancy. Nur vier Süßwarenfabrikanten in Nancy sind berechtigt die Bergamotte-Bonbons nach dem Originalrezept herzustellen. Die Chocolaterie ist eine von ihnen, respektive Guy Michel, der das Zusammenspiel von Zuckersirup und ätherischem Bergamotte-Öl demonstriert. Wie er so,

i

Patisserie Chocolatiere Alain Batt, 34 Rue Saint-Georges, Maison des Soeurs Macarons, 21 rue Gambetta, Confiserie Lalonde, 59 rue de Saint-Dizier, zu den üblichen Ladenöffnungszeiten, allesamt in Nancy.
In den Geschäften gibt es noch weitere süße Spezialitäten aus Lothringen.

Patissier Guy Michel verteilt routiniert den Zuckersirup mit Bergamotte-Öl auf der Arbeitsfläche.

Die quadratischen Bonbons werden manuell aus dem Raster gebrochen.

Das Konfekt mit der nostalgisch anmutenden Dose ist auch aus dem französischen Film „Die wunderbare Welt der Amelie“ bekannt.

ohne mit der Wimper zu zucken, die gut 70, 80 Grad heiße Glasur mit der Hand bearbeitet, hat schon was. Ebenso sein Kommentar. „Für normale Menschen wäre das schmerzhaft. Ich bin Patissier, ich bin das gewohnt", merkt er lässig an. In Deutschland ist die Zitrusfrucht Bergamotte wenig bekannt, in Lothringen ist sie neben der Mirabelle so etwas wie ein Markenzeichen. „Wir machen das Bonbon nach althergebrachtem Rezept. Zuerst muss die Ölzucker-Mischung abkühlen, dann wird sie in die quadratische Bonbonform gepresst", erläutert Guy Michel und setzt das Procedere mit der sich ausbreitenden bernsteinfarbenen Masse fort.

Zwischendurch streut er einige historische Details ein. „König Stanislas hat Süßigkeiten über die Maße geliebt. Gegen Ende seines Lebens war er zahnlos. Dann griff er eben auf Baba au Rhum zurück", sagt er und meint den schmackhaften, mit Wein übergossenen Napfkuchen, der auch zahnlos wunderbar zu genießen ist. Derweil lässt er die gekühlte Masse nach der Pressung aus dem Raster klacken und kredenzt sie zur Verkostung. Einen Tipp hat er parat: „Machen Sie die Augen zu, riechen Sie einfach nur." In der Tat, das ätherische Zitrusöl verbreitet einen frischen Duft, das Bonbon schmeckt süß-bitterlich. Die olfaktorische Wahrnehmung des Bergamotteöls war auch in früheren Zeiten durchaus bekannt. Der Adel, als man sich zu Rokoko-Zeiten trocken mit Puder „wusch", nutzte es als Parfüm. „In vielen Parfüms ist Bergamotte-Öl, ein klein wenig bin ich also auch Parfümeur", meint der 51-Jährige schmunzelnd. Auch in der Medizin ist die Wirkung des ätherischen Öls bekannt, unter anderem als Cholesterin-Senker. Verarbeitet wird bei der Produktion des Konfekts vornehmlich die Schale, weil diese am meisten Öl aufweist. Die Frucht, dessen Fruchtfleisch roh ungenießbar ist, benötigt viel Sonne und feuchte Winde. Sie wird im Winter in Kalabrien von Hand geerntet. Ganz billig ist die Zitrusfrucht vom Apennin nicht. „Für ein Liter Öl benötigt man rund 200 Kilogramm Bergamotten, um eine hoch konzentrierte Essenz zu erhalten", weiß der Patissier aus langjähriger Erfahrung.

Zu Ehren kam die Bergamote de Nancy in der markanten Dose mit der Illustration des Place Stanislas bereits im bekannten französischen Film „Die wunderbare Welt der Amelie" - eine Erinnerung des Regisseurs an seine Studienjahre in der ostfranzösischen Stadt, heißt es. Neben der Produktion mit kleiner Boutique am Stadtrand befindet sich eine Chocolaterie Alain Ball in der City von Nancy, weitere Dependancen in Dinard (Bretagne), Beaune (Franche-Comté) sowie in Straßburg. Verschickt wird das goldgelbe Gutsel in alle Welt. In dem Geschäft gibt es auch alle weiteren Köstlichkeiten der Lothringer Dessertküche. Macarons nach alter Tradition, Madeleines oder charbon lorrain (Schoko-Pralinen mit Haselnüssen und Mandeln) und etliches mehr. Nicht zu vergessen: Das erwähnte Baba au Rhum, an der bekanntlich auch König Stanislas seine Freude hatte.

Altes Lichtspieltheater mit gemalter Wandtapete im Kino- und Filmmuseum vor den Toren Nancys.

Fritz Lang triff auf Jean Renoir

- *Historie des Films und der Fotografie im Museum von Saint-Nicolas-de-Port*
- *Hommage an Gebrüder Lumière und Louis Daguerre*
- *Von poetischem Realismus zum film noir*

Für Film-Freaks und Foto-Enthusiasten ist das unscheinbare Museum in Saint Nicolas de Port vor den Toren Nancy zweifellos eine Quelle der Inspiration. Denn in dem alten Kasernengebäude, in dem einst das IV. Jäger-Bataillon untergebracht war, existiert ein großer Fundus, der sich mit der Historie des Films – bewegt oder statisch – intensiv beschäftigt. Nach Angaben von Museumsmitarbeiterin Elisabeth Battefort zählt es zu den größten Museen seiner Art im Land. Nicht ohne Grund ist das Musée du Cinéma et de la Photographie in Frankreich angesiedelt. Die Gebrüder Lumière gelten als Pioniere des Films. Im Februar 1895 reichten sie ein Patent für die Kinematographie ein. Im Dezember desselben Jahres lief im Indianischen Salon des Grand Café in Paris die erste öffentliche Filmvorführung vor zahlendem Publikum. Zehn selbstgedrehte Kurzfilme von jeweils etwa einer Minute sorgten sehr wahrscheinlich für große Augen. Auch wenn Auguste und Louis Lumière ihre Pioniertaten weitgehend in Lyon und Paris vollbrachten, stammen sie aus dem nicht gar so fernen Besançon in der Franche-Comté.

Auch die Pioniere der Fotografie stammen aus Frankreich. Joseph Nicéphore Niépce aus Chalon-sur-Saone gelang 1826 die erste lichtbeständige Fotografie. Louis Daguerre tüftelte weiter an der Technik. Er entwickelte ein Verfahren mit Kupferplatte und Quecksilberdämpfen, die eine deutlich verkürzte Belichtungszeit ermöglichten (davor dauerte eine Aufnahme mehr als zehn Stunden). Daguerre gilt als Erfinder des ersten kommerziell nutzbaren fotografischen Verfahrens, das entsprechend Daguerreotypie heißt – eingedenk vieler weiterer Pioniere sowohl bei der Fotografie als natürlich auch beim Film. In den großzügigen Räumlichkeiten des ausschließlich auf Französisch konzipierten Museums gibt es Säle, die diesen Meistern gewidmet sind. Technische Verfahren werden erläutert, man sieht Projektoren und Kameras aller Epochen. Insbesondere zahlreiche

Museé du Cinema et de la Photographie,
10, rue Georges Rémy, Saint-Nicolas-de-Port.
Das Städtchen befindet sich vor den Toren Nancys und ist für seinen jährlichen Nikolaus-Umzug, dem Namensgeber des Ortes, bekannt.
Öffnungszeiten ganzjährig: Mi.–So. 14–18 Uhr.
www.museecinemaphoto.com
Nur einige Hundert Meter ist das sehenswerte Musée Français de la Brasserie in einer früheren Brauerei entfernt (62 Rue Charles Courtois).

Ein Schattenspiel von 1747 im Museum von Saint-Nicolas-de-Port.

Skurrilitäten gilt es in dem akribisch zusammengestellten Museum neben Laterna Magica oder Camera obscura zu entdecken. Schon lange vor der Etablierung der Film- und Foto-Technik beschäftigten sich findige Geister mit dem bewegten Bild.

Ein Lothringer namens Seraphin veranstaltete 1747 Schattenschauspiele nach chinesischer Gaukler-Art. Ein Phenakistiskop (1832) beruht auf stroboskopischen Effekten. Es ist auch als Lebensrad bekannt und heißt aus dem Altgriechischen übersetzt Augentäuscher. Auf einer drehbaren Scheibe entstehen für den Betrachter bewegte Bilder. Oder: Das Praxinoskop (auch Zaubertrommel genannt) von Émile Reynaud aus dem Jahr 1877. Mittels einer Spiegelanordnung werden die Dunkelpausen zwischen den Bildern ausgeschaltet und der Eindruck von Bewegung vermittelt. An diesen und etlichen weiteren wunderlichen Gerätschaften fühlt man sich in die Zeit von Jules Verne und H.G. Wells zurückversetzt. Für Staunen sorgt beispielsweise eine Farbfotografie von zwei Mädchen – eines in Elsässer, das andere in Lothringer Tracht. Stirnrunzeln beim Aufnahmedatum. Von 1903 stammt das Bild. Wurde die Farbfotografie respektive der Farbfilm nicht erst ab den 1930er-Jahren kommerziell genutzt? Auch hier haben wieder die Gebrüder Lumière die Finger im Spiel. Sie erfanden früh das Autochrom-Verfahren zur Fertigung farbiger Fotos in Form eines Diapositivs. Im Daguerre-Saal dagegen sieht man unter anderem Blitzpistolen um 1900, ein mehr als zwölf Kilogramm schweres Tele-Objekt, das wie ein Kanonenrohr aussieht, Polaroid-Kameras (ab 1947) oder Spiegelreflexkameras (ab 1960) neben etlichen Vorkriegsmodellen. Ein kleiner Kinosaal mit Klappstühlen, allerlei Utensilien und Großprojektoren diverser Epochen gilt es in dem Kleinod im Département Meurthe-et-Moselle zu begutachten. „Zu verdanken ist ein Großteil der Kollektion dem Engagement von Marcel Mabille. Er war Kameramann und passionierter Sammler. Wir erhalten zudem immer wieder Schenkungen", berichtet Museumsangestellte Elisabeth Battefort. In der ebenso umfangreichen wie detailverliebten Ausstellung sieht man Puppen im Stil der 1930er-Jahre bei nachgestellten Szenen vor überdimensionierten Kameras. Einen eigenen Raum gibt es für Super-8-Filme und Hobby-Filmer.

Bekanntes Film-Motiv: Hier wird „die Reise zum Mond" von 1902 zitiert.

Auf der oberen Etage wird dem französischen Film, dem expressionistischen Film der 1920er-Jahre aus den UFA-Studios Babelsberg oder dem frühen Hollywood gehuldigt. Man trifft Charlie Chaplin, die Marx Brothers oder Protagonisten des film noir. Original-Filmplakate erzählen vom sowjetischen Film der 1920er-Jahre, dem Cinema burlesque, dem französischen poetischen Realismus oder dem Kino unter deutscher Besatzung. Nicht zu vergessen, der italienische Neorealismus der Nachkriegszeit um die Regisseure Frederico Fellini, Luchino Visconti oder Vittorio de Sica und dessen geniales Werk „Fahrraddiebe". Die Regisseure Fritz Lang, Friedrich Wilhelm Murnau oder Robert Wiene tauchen auf – Metropolis, Dr. Mabuse, Nosferatu oder das Cabinet des Dr. Caligari lassen grüßen. Die skurril und gespenstisch anmutenden Plakate spiegeln ihre Zeit. Oder der Film „La Grande Illusion" von Jean Renoir (1937). Der Antikriegsfilm gilt als Meisterwerk der Filmgeschichte.

Berühmte Kunsthandwerker der école de Nancy wie Majorelle oder Daum kreierten das Interieur.

Ein Traum in art nouveau

- *Brasserie Excelsior ist ein besonderes Beispiel des Jugendstils von Nancy*
- *Majorelle und Daum kreierten Interieur des Kaffeehauses*
- *Opulenz eines vergangenen Zeitalters*

Es ist wie der Eintritt in eine Zeitkapsel, in das Zeitalter des art nouveau (der französischen Ausprägung des Jugendstils). Unwillkürlich wird der Besucher in die Ära der Ozeandampfer, der großen Weltausstellungen und des Orient Express zurückversetzt. Es ist ein Augenschmaus und ein kulinarischer Genuss zugleich. Die Rede ist von der Brasserie Excelsior in Nancy, auf halbem Wege zwischen Hauptbahnhof und dem Place Stanislas gelegen. Den Gast empfängt eine Brasserie in warmes, milchiges Licht getaucht. Eine Opulenz eines längst untergegangenen Zeitalters begleitet ihn, während er foie gras, Quiche Lorraine, ein ausgiebiges Fischgericht mit Austern, Charolais Rindertartar oder als Dessert eine Crème brulée oder macaron glacé verspeist. Natürlich darf es auch ein schlichter Kaffee und ein Croissant sein in diesem Kaffeehaus des fin de siécle. Die Gegenwart darf da gerne Mal draußen bleiben. Au revoir hektische Realität. Genau diesen Effekt versprüht dieses aus der Zeit gefallene Gebäude, das 1911 eröffnet wurde. Man schaut, staunt und speist, während Kellner und Kellnerinnen im Livree um einen herum ausschwärmen.

Nancy ist weit über Frankreich hinaus für seinen Jugendstil bekannt. Hier arbeitete einst die école de Nancy am Ruhm für die Nachwelt. Kristall-, Glaskünstler und Kunsthandwerker wie Émile Gallé, Antonin Daum, Jacques Gruber oder Möbeldesigner Louis Majorelle schufen hier Ende des 19. und zu Beginn des 20. Jahrhunderts ihr fließendes, florales Design im Zusammenspiel von Handwerk und Industrie, inspiriert von der Natur Lothringens. Eine, die sich mit der Historie des Prachtbaus bestens auskennt, ist Anne Bouigeon. Die Touristikführerin, die ursprünglich aus Bar-le-Duc stammt, ist dem Charme der Brasserie Excelsior längst erlegen. „Schauen Sie, diese aufwendigen Buntglasfenster sind von Jacques Gruber gestaltet. Majorelle ist mit dem massiven Mahagoni-Möbel für die warmen Farben verantwortlich. Die Kronleuchter und Wandlampen hat wiederum Daum kreiert, die den Raum in dieses besondere Licht tauchen", berichtet Anne Bouigeon.

i

Die Brasserie Excelsior befindet sich in 50, rue Henri Poincaré, in der Nähe des Hauptbahnhofes von Nancy. Das Restaurant hat tatsächlich an jedem Tag des Jahres (8 - 0.30 Uhr, So., Mo. 8 - 23 Uhr) geöffnet.
✆ 00 33 / 3 83 35 24 57
www.brasserie-excelsior-nancy.fr

Kellner und Kellnerinnen im Livree umsorgen die Gäste in dem Jugendstil-Tempel in Nancy.

Es hat im Übrigen einen besonderen Grund, warum Nancy nach Paris das reichhaltigste Erbe des art nouveau der Grande Nation aufweist. Zum einen natürlich die erwähnten äußerst talentierten Kunsthandwerker, ein breites Mäzenatentum und eine vorhandene industrielle Produktionslandschaft mit Cristallerien und Fayencerien in der Region. „Es gab aber auch politische Gründe", wirft die Dame vom office de tourisme ein. Denn, nachdem neben dem Elsass auch Teile Lothringens (Moselle) 1871 an das Deutsche Reich fielen, lag Nancy von nun an an der Grenze Frankreichs zu Deutschland. „Die Leute aus Moselle und dem Elsass hatten die Option zu bleiben, das heißt, sie lebten von nun an im Deutschen Reich, oder zu gehen. Etliche Tausende, darunter viele Künstler, gingen zurück nach Frankreich und der nächste Ort war eben Nancy. Die Stadt erlebte eine Blüte - kulturell und was die Bevölkerungszahl angeht", führt sie aus.

Doch zurück zur Brasserie Excelsior. 1910 beschloss der steinreiche Brauer Louis Moreau aus Vézelise südlich von Nancy eine Brasserie in der Tradition der großen Kaffeehäuser der Belle Époque zu errichten. Rund 184.000 Goldfranken nahm der Brauer in die Hand und beauftragte die Architekten Lucien Weissenburger und Alexandre Mienville. Ein gutes Jahr später waren Hotel und Restaurant fertiggestellt. Das Gebäude trotzte zwei Weltkriegen. Seine größte Herausforderung hatte die Brasserie jedoch in den 1970er-Jahren mit seinem globalen Zeitgeist-Credo „Alles Alte muss weg" zu bewältigen. „Es kam in Nancy ein neuer Bürgermeister ins Amt, der die Gegend um den Bahnhof amerikanisieren wollte. Dort sollte eine Art Klein-Manhattan entstehen. Hochhäuser und Beton statt alter Gebäude und deren Ornamentik. Den Beweis haben wir direkt nebenan", sagt die Lothringerin und verweist auf das Nachbargebäude. In der Tat, ein steil aufragender Wolkenkratzer befindet sich auf der Straßenseite vis-à-vis. „Das ist das Hochhaus Tour Thiers. Genau dasselbe war für das Areal des Excelsior geplant", meint sie Kopf schüttelnd. Ein bekannter französischer Auktionator und art nouveau-Spezialist veranstaltete seinerzeit, als die Pläne bekannt wurden, eine Konferenz über die Bedeutung des Jugendstils in der Kapitele des Départements von Meurthe-et-Moselle. Die Konsequenz: Die Bürger besannen sich ihres kulturellen Erbes, der Bürgermeister wurde nach nur einer Wahlperiode wieder abgewählt – und die Brasserie überlebte.

1911 wurde das stilprägende Gebäude des art nouveau unweit des Hauptbahnhofs errichtet.

1976 wurde das Gebäude, ein Musterbeispiel des Jugendstils in Kombination mit dem Wiener Kaffeehausstil, schließlich als historisches Denkmal eingestuft. In jener Zeit übernahm die belgische Stella Artois Brauerei das Restaurant, ab 1987 bis 2016 die Flo-Gastronomie-Gruppe für rund 30 Jahre (weshalb die Brasserie von Einheimischen heute noch „Flo" genannt wird). Seit einigen Jahren führt nun Éric Gérard die traditionsreiche Brasserie, die tatsächlich jeden Tag im Jahr geöffnet hat. „Einerseits ist es sicherlich die außergewöhnliche Atmosphäre und die lange Tradition, die sowohl Einheimische wie Touristen zu uns führt. Andererseits ist es natürlich auch unsere saisonale Karte mit lothringischen und französischen Spezialitäten", sagt der Gastronom beim Besuch der Gaststätte, die der Zauber einer vergangenen Epoche umweht.

Sieht sich als kulinarische Avantgarde: Patissier Sylvain Musquar kombiniert Schokolade mit Mehlwürmern

Chocolat mit Mehlwürmern, s' il vous plaît?

- *Insekten-Chocolatier aus der Nähe von Nancy*
- *Von asiatischer Küche inspiriert*
- *Nussige Note und reichlich Protein*

Neue Wege beschreitet Patissier Sylvain Musquar aus Villers einem Vorort von Nancy mit Vorliebe und fast schon aus Prinzip. Er erfand während der Corona-Pandemie eine Tarte mit Namen Quarantaine (Quarantäne) mit Käse- und Zitronengeschmack. Der schmackhafte Kuchen kostete exakt 40 Euro (Quarante) und war in einem Q geformt. Während des Confinements (wie der Lockdown auf Französisch hieß) fand die neue Tarte reißenden Absatz. Der Chocolatier kombiniert aber noch etwas anderes, das auf den ersten Blick nicht unbedingt zusammenpasst. Er bietet Pralinés mit Mehlwürmen und Grillen on top an. „Das kommt von meiner Liebe zur asiatischen Küche. Ein Drittel der Menschheit isst Insekten, da war die Idee naheliegend. In Afrika und Asien ist das ganz normal. Wir sollten im Westen da nicht so überheblich sein", sagt der ausgezeichnete Patissier, der sich mit dem Logo „Les Experts Patissiers de Lorraine 2020" schmücken darf.

Als einer der ersten Chocolatiers in Frankreich hat er die ungewöhnliche Kreation zusammengestellt. Die Idee hatte er schon länger, weit vor der Covid-19-Pandemie. Die Mehlwürmer und Grillen erhält er von einer Plantage aus Toulouse in Südfrankreich. Wie seine Kollegen vom französischen Konditoren-Verband auf die Kombination reagiert haben? „Na ja, die haben schon ein wenig komisch geschaut. Aber der Geschmack überzeugt letztlich. Es ist diese nussige Note, die sich in Kombination mit der Schokolade sehr gut entfalten kann. Zudem enthalten Insekten viel Protein", betont Sylvain Musquar. Ein Gag sei das aus seiner Sicht keineswegs. Vielmehr sieht sich der 47-Jährige als eine Art Avantgarde. Der Maestro kann es aber auch ganz konventionell, wie man der einladenden Ladentheke entnehmen kann. Aber sein Aushängeschild sind zweifellos seine Pralinés mit einem Mehlwurm oben drauf, die er dann stolz präsentiert. Dass er sich zum Insekten-Chocolatier entwickelte, hat seinen Grund. „Ich hatte lange Lehr- und Wanderjahre und bin viel gereist. Zunächst habe ich mich hier in Frankreich in Pont-à-Mousson, Paris und

i

Patisserie Musquar, 36 Boulevard de Baudricourt, Villers-lès-Nancy (Vorort von Nancy).
Zu den üblichen Ladenöffnungszeiten geöffnet.
www.boutique-musquar.com

Mini-Chateau ganz aus Schokolade in der Konditorei im Département Meurthe-et-Moselle.

Es geht auch ganz traditionell in der Patisserie bei Nancy: Tartes in vielerlei Variationen und Macarons.

Grillen und Mehlwürmer als Topping erhält er von einer Plantage in Toulouse.

später in Luxemburg zum Patissier ausbilden lassen. Anschließend war ich längere Zeit in Japan, Südkorea und Vietnam. In Südkorea habe ich schließlich französische Patisserie unterrichtet", sagt der Lothringer, der in Asien auch seine Frau kennenlernte.

Der waghalsige kulinarische Spagat ist für ihn keine Besonderheit mehr. 19 Angestellte beschäftigt er in seiner Patisserie, die mit farbenfreudigen und lecker duftenden Kreationen aufwartet. Dass der Patissier in zweiter Generation gerne mal etwas anderes probiert, wird schon in seinem Geschäft deutlich. Dort befindet sich der pompöse Nachbau eines Schlosses aus der Nähe von Nancy en miniature – komplett aus Schokolade versteht sich. „Das waren wohl mehr als 100 Stunden Arbeit. Da steckt viel Handwerk drin. Wir beschreiten eben gerne unkonventionelle Wege", meint der experimentierfreudige Konditor aus Villers-les-Nancy schmunzelnd.

Prachtbau und letzte Residenz der Herzöge vor den Toren Nancys.

Schloss Versailles als Vorbild

- *Chateau Lunéville gilt als die kleine Schwester*
- *Prachtbau litt immer wieder unter Feuersbrünsten in seiner Historie*
- *Herzog Stanislas erlag seinen Brandwunden*

Feuersbrünste hat das Schloss Lunéville vor den Toren Nancys schon etliche in seiner Historie erlebt. Die letzte heftige Feuerwalze ereignete sich 2003. Der herzogliche Flügel des Prachtbaus wurde vollends zerstört. Schlosskapelle, Empfangssaal und Dachstuhl fielen ebenfalls dem Feuer zum Opfer. Mehr als 200 Feuerwehrleute aus dem gesamten Département versuchten damals zu retten, was noch zu retten war. Selbst Militär rückte an. Viel mehr als eindämmen konnten sie das Feuer allerdings nicht. Der Wind war einfach zu mächtig. Ein technischer Defekt, der sich im Dachstuhl der Kapelle ereignete, hatte die verheerende Feuerwalze ausgelöst. Es war wie erwähnt nicht der erste Brand in der einstigen Sommerresidenz der lothringischen Herzöge. Die Historiker zählen seit dem 18. Jahrhundert insgesamt zwölf schwere Brände. Einer davon hatte weit fatalere Folgen als der im Jahr 2003. 1766 erlag der frühere polnische König und letzte lothringische Herzog Stanislas letztlich seinen Brandwunden, die er in seinen Gemächern erlitt.

Zwischen 1703 und 1720 bereits ließ sein Vorgänger, Herzog Leopold, von seinen Baumeistern ein Meisterwerk der Architektur errichten. Er eiferte mit seinem Hofstaat dem beruhmten Vorbild in Versailles nach. Zwei symmetrisch angelegte Flügel mit Arkadengängen, eine prachtvolle Gartenanlage mit geometrisch angelegten Beeten, geschmückt mit Brunnen, Schlossterrasse und Pavillons sowie ottomanischer Kunst ließen das Chateau zum Wahrzeichen von Lothringen werden. Der historische Hintergrund der Bauwut des Herzogs lag darin begründet, dass im Jahr 1702 Truppen von Ludwig XIV. gegen seinen Willen in Nancy Einzug hielten. Daraufhin entschloss sich Leopold, seine Hauptstadt zu verlassen und sich samt seinem Gefolge im nahen Lunéville niederzulassen. So wurde aus dem einfachen Landsitz die Hauptresidenz des Herzogs, die naturgemäß entsprechendes Renommee haben sollte. Von seinem Baumeister Boffrand ließ er

> Das Schloss Lunéville befindet sich an der Verbindungsstraße im Ortskern, Place de la 2ème Division de Cavalerie. Der Ort selbst liegt etwa 30 Kilometer östlich von Nancy.
> Im Schloss finden immer wieder Konzerte und Veranstaltungen statt.
> Öffnungszeiten: täglich 10 – 12 Uhr und 14 – 18 Uhr (außer Di.). Der Schlosspark ist das ganze Jahr über frei zugänglich.
> www.chateauluneville.meurthe-et-moselle.fr

Entree von Chateau Lunéville: der herzogliche Flügel fiel 2003 einem großen Feuer zum Opfer.

Rückenansicht: Das Schloss war einst Residenz der letzten Herzöge von Lothringen

sich bis 1720 eine standesgemäße Heimstätte aus gelbem Sandstein kreieren. Mit der Ankunft von Herzog Stanislas 1737 begann eine weitere prunkvolle Ära und eine nochmalige Aufhübschung von Schloss und Parkanlage. Der prächtige Mittelbau aus Sandstein mit den beiden Flügeln und der Gartenanlage sollten schließlich den Geist der Aufklärung widerspiegeln. Mit dem Tode Stanislas` 1766 wurde der Hof letztlich aufgelöst und endgültig an Frankreich angegliedert.

Doch zurück ins Hier und Heute. Zehn Jahre lang machte der Brand von 2003 das Chateau Lunéville zu einer der umfangreichsten Baustellen an einem Kulturdenkmal in Europa. „Die Restaurierung war damals eine wirkliche Herausforderung und eine große Aufgabe zugleich", betont Yves Ravailler, der damals als Direktor des Chateaus die Arbeiten beaufsichtigte und mittlerweile in Pension ist. Nach den Vorarbeiten begann man 2005 mit der aufwendigen Restaurierung an. Finanziell gestützt wurde das weit über 100 Millionen Euro schwere Sanierungsprogramm zu 60 Prozent vom französischen Staat und zu 40 Prozent vom Département Meurthe-et- Moselle. Hinzu kamen private Spenden von Sponsoren und Unternehmen. In der Feuernacht hatte man im Übrigen gar Glück im Unglück. „Es konnten trotz des Chaos mehr als 160 Fayence-Objekte gerettet werden. Das war ein großes Glück. Die Menschen bildeten eine Kette und brachten Vasen, Porzellan und Steingut so weit es ging in Sicherheit", erinnert sich der damalige „Schlossherr" zurück. Nach den ersten Maßnahmen zur Absicherung des Flügels wurde ein großes Gerüst rund um die Fassade errichtet, welches die provisorische Deckenvorrichtung stützte, die während des Wiederaufbaus das Dach ersetzte.

Unter der Zerstörung des herzoglichen Flügels litt der gesamte historische Kern des in Hufeiseisenform gehaltenen Ensembles. Dennoch: Trotz der Zerstörunq des Dachstuhls blieben die Hauptmauern stehen und ein großer Teil der ursprünglichen Verzierungen konnte letztlich gerettet werden. Heute erstrahlt das Schloss längst wieder im alten Glanz und die Restaurierungsarbeiten sind Geschichte. „Es geht hier ja um ein wichtiges lothringisches Erbe. Es ist eine Hommage an die letzten Herzöge. Umso wichtiger, dass wir das alle gemeinsam wieder hinbekommen haben", meint der damalige Schlossdirektor. Beliebt ist im Übrigen auch die erwähnte Parkanlage in Lunéville. Selbst wenn etliche Skulpturen der Anlage einst nach dem Tod Stanislas verkauft wurden, unter anderem an das Schloss Schwetzingen in der Kurpfalz, sind die Gärten nach wie vor ein Kleinod. Und auch hier standen die Menschen nach der Corona-Pandemie längst wieder Schlange. Im Sommer gibt es nun auch wieder die „Nuits de Lunéville", bei denen das Chateau beleuchtet wird.

Mit Stolz trägt Evelyne Muller Dervaux den Titel Großmeisterin der Bruderschaft der Quiche Lorraine in der entsprechenden Kluft.

Botschafterin für die Quiche Lorraine

- *In Dombasle-sur-Meurthe existiert eine Bruderschaft zur Wahrung der Tradition*
- *Hauptstadt des Lothringer Speckkuchens*
- *Herzhaftes „Kichlein" ist in der ganzen Welt bekannt*

Es ist der herzhafte Geschmack Lothringens und in der ganzen Welt bekannt. Die Rede ist von der Quiche Lorraine, die den Namen der Region in Ostfrankreich bereits im Namen trägt. Wenn man so will, dann ist Dombasle-sur-Meurthe vor den Toren Nancys die Hauptstadt der Quiche Lorraine. Denn das Städtchen in Meurthe-et-Moselle darf sich mit diesem Titel ganz offiziell schmücken. Am Ortseingang steht ein Schild, das auf diesen Fakt hinweist. Und hier sind wir bereits bei Evelyne Muller Dervaux. Die Lothringerin darf sich „Grand Maitre de Confrérie de la Quiche Lorraine" nennen. Sie ist also die Großmeisterin einer ominösen Bruderschaft, die sich mit Passion dem Mürbeteig-Küchlein gewidmet hat. Warum die Quiche gerade aus Lorraine stammt, da kann auch die pensionierte Lehrerin nur Vermutungen anstellen. Immerhin kommen aus dem Landstrich allerlei kulinarische Verlockungen – vornehmlich süßer Natur. Geht der Lothringer Speckkuchen eventuell auch auf die Naschsucht des beleibten Herzog von Lothringen, Stanislas, zurück, der für so manches Konfekt Pate stand? „Nein, es soll der Küche von Herzog Karl III von Lothringen entstammen. Er starb bereits 1608, also 130 Jahre bevor Stanislas an die Macht kam", berichtet Muller Dervaux. Andere Quellen sprechen davon, dass ein Bäcker in Nancy im 16. Jahrhundert den herzhaften Kuchen erfunden, aber ihn ursprünglich mit Brotteig gebacken hat. Erst im 19. Jahrhundert soll der Brot- durch Mürbeteig ersetzt worden sein.

Was das recht simple Rezept angeht, da zählt die 73-Jährige geschwind auf. „Eier, Crème fraiche, geräucherter Speck, Salz, Pfeffer und eine Prise Muskatnuss. Alles gut gemischt. C'est ca." Danach circa 35 Minuten in den Backofen. Auch Bergkäse und Lauch seien als weitere Zutat erlaubt. Aber Mürbeteig-Varianten mit Roter Bete, Lachs oder Spinat kann sie nicht wirklich viel abgewinnen. Sicher, sie ist die Vorsitzende der Quiche Lorraine-Bruderschaft und vertritt die reine Lehre. Wem andere Varianten munden, kein Problem, meint sie

> **i**
>
> Dombasle-sur-Meurthe liegt zwischen Nancy und Lunéville. Die traditionelle Quiche Lorraine gibt es unter anderem bei „Artisan Boulanger Jean Marc et Cécile Pain", 15, avenue de Lunéville oder bei „Les Perles á Painpain", 48 rue Gabriel Péri, beide in Dombasle-sur-Meurthe.

Die Französin sitzt auch in einer Jury, welche die besten Quiches aus Lothringen bewertet. Sie mag sie nach wie vor sehr gerne, aber nicht jeden Tag.

Es ist offiziell: 2023 wurde Dombasle-sur-Meurthe zur Hauptstadt des Mürbeteig-Küchleins gekürt.

Ob in Nancy, Metz oder Thionville – in den Bäckereien und Metzgereien gibt es stets das herzhafte Traditionsprodukt. Längst auch rund um den Globus.

schulterzuckend. Es sei dann aber eben keine Quiche Lorraine mehr, darauf besteht die Dame vehement. Warum eigentlich gerade Dombasle-sur-Meurthe als Hort des schmackhaften Speckkuchens gilt, liege darin begründet, dass der Ort bereits seit den 1970er-Jahren regelmäßig ein Fest veranstaltet, das dem Küchlein gewidmet ist, und alle zwei Jahre stattfindet.

Im März 2023 wurde das Schild mit dem Hinweis auf die regionale Spezialität mit örtlichen und überregionalen Honoratioren offiziell eingeweiht. „Der Titel ist nun geschützt Wir sind die einzige Stadt, die sich Hauptstadt der Quiche Lorraine nennen darf", fügt sie zufrieden hinzu. Auch etliche weitere befreundete Bruderschaften waren bei der Zeremonie von der Partie. Denn Ostfrankreich hat recht viele lokale Spezialitäten und ebenso viele Bruderschaften, die sich bei festlichen Anlässen oft in einer speziellen Kluft gewandet, um die Bewahrung der kulinarischen Tradition kümmern. So gibt es in Meurthe-et-Moselle eine weitere Bruderschaft für die Paté Lorrain, in Bayon ein Konsulat für die Mirabelle. Selbstredend trägt auch Muller Dervaux als Botschafterin ihres Produkts die rote Kittelschürze samt Medaille und Hut, die sie zur Großmeisterin macht, mit Stolz. Sie ist auch im Ausschuss, dem „bureau fédéral des Confréries", das sich über die Grenzen von Grand Èst erstreckt, aktiv. Selbstredend findet bei der Bruderschaft des lothringischen Speckkuchens regelmäßig ein Wettbewerb statt, wer das beste Produkt herstellt. Eine Jury, der neben der Großmeisterin die Fédération des artisans boulangeurs Patissiers de Meurthe-et-Moselle, der Präsident der regionalen Metzger und ein Spitzenkoch angehören, bewerten jedes Exemplar akribisch.

In der Kapitale der Quiche gebe es etliche ambitionierte Patisserien, Metzger und Bäcker, die den Mürbeteig-Kuchen so herstellen, wie sich das die Confrérie wünscht. Und schon geht es in eine Boulangerie im Ortskern zum Verkosten. Im Übrigen, auch international wurde bereits über die geheime Bruderschaft berichtet. Natürlich von der Haus-Postille „L'Est Républicain", aber auch das französische Fernsehen war schon zu Gast. Selbst der ehrwürdigen „The Times" aus London war die Hauptstadt der Quiche Lorraine bereits einen Artikel wert. Der Wortstamm Quiche stammt dem Vernehmen nach von „Kichlein", so wie man in der Region, die einst zum Hl. Römischen Reich deutscher Nation zählte, im Dialekt sprach. Die Basis für ein gelungenes Produkt sei die Qualität der Ingredienzen aus regionaler Herkunft, führt die frühere Lehrerin für Erwachsenenbildung aus. Sie selbst mag die Quiche nach wie vor sehr gerne, wenn auch nicht jeden Tag, so die gertenschlanke Französin. „Der Mürbteig muss sehr fein sein, der Speck schön ausgewogen, nicht zu stark geräuchert. Natürlich muss alles schön herzhaft sein", gibt sie das Geheimnis eines perfekten Speckkuchens preis.

Küchenchef Romain Drouot stellt eine Käseplatte für ein Menü zusammen.

Im Lothringer Käsehimmel

- *Frères Marchand – Käse-Imperium aus Nancy*
- *Alte Rezepte und internationale Kontakte*
- *Restaurant mit herzhafter Cuisine lorraine*

Wer authentische Speisen aus Lothringer Produktion und insbesondere edlen Käse der Region genießen möchte, der ist bei „Les Frères Marchand" in Nancy an der richtigen Adresse. Das Brüderpaar (es sind derer gleich drei) entstammt einer der ältesten Familien von Käseherstellern in Frankreich. Seit 1850 werden in sechster Generation die Geheimnisse der Kunst des Affinierens (des Veredelns von Käse) weitergegeben. Am Marktstand in der Altstadt von Nancy verkauften die Vorfahren der Brüder einst Käse und Milch. „Wir haben die alten Rezepte unserer Großeltern, die einst auf dem Dachboden vergessen wurden, bewahrt und konstant weiterentwickelt", berichtet Philippe Marchand. Das traditionelle savoir-faire wolle man in die heutige Zeit transformieren. So zählen Brie de Meaux, St. Nectaire, Gros Lorrain, Carré de l'Est oder Comté aus dem Jura seit Generationen zu den Eckpfeilern des Angebotes der „Freres Marchand", die zugleich eines der ältesten Lebensmittelhäuser Ostfrankreichs betreiben.

Neben dem Bewahren ging es für die drei Brüder auch hinaus in die weite Welt. Ob Belgien, Italien, Schweiz, Deutschland oder bis nach Asien. Die drei Käse-Freaks aus Nancy suchen weltweit nach dem besten, gereiften Käse kleiner Produzenten. 2016 beschlossen die Marchands die Ehre des fromage du pays Frankreichs wiederherzustellen. Der Rekord für das größte Käsebrett der Welt hielt bis dato China mit knapp 500 Käsesorten. Dem stellten die Lothringer 730 Rohmilchkäsesorten entgegen und kamen damit ins Guinness-Buch der Rekorde. Mit rund 300 kleinen, aber feinen Käseherstellern arbeiten die Marchands permanent zusammen. Mittlerweile haben die international vernetzten Käsemacher mehrere Fromagerien in Metz, Epinal, Pont-à-Mossoun und Lyon, exportieren ihren fromage aber auch in die Luxus-Genuss-Meilen von Dubai, Bangkok, Sydney oder Tokyo.

Restaurant „Les Frères Marchand", 99 Grand Rue Nancy, herzhafte Speisen, viel mit Käse. Täglich geöffnet 11.45 - 14.30 Uhr und 18.45 - 22 Uhr.
Ladengeschäft in der Markthalle von Nancy, Place Henri Mengin, Di. - Fr. 7 - 18.30 Uhr, Sa. 7.30 - 13.30 Uhr.
Im Restaurant gibt es eine kleine Käsetheke zur Straße hin, bei der man auch Käse kaufen kann.

Lothringer Spezialitäten satt bei „Les Frères Marchand“ in Nancy: Schinken, Speck und nicht zuletzt Käse.

Von der Leidenschaft ihrer Produzenten lebt das Unternehmen. Die meisten Bauern kenne man persönlich. In Montbéliard in der Franche-Comté gebe es beispielsweise eine Familie, die vollständig autark lebt. „Sie leben dort sehr einfach auf ihrem Bauernhof. Aber es ist faszinierend zu sehen, mit welcher Passion sie ihren wunderbaren Käse herstellen. Wir haben zudem großartigen Schafskäse aus einem Kloster, der von den letzten verbliebenen Mönchen hergestellt wird“, erklärt Philippe Marchand. Die Veredlung, Pflege und Reifung, um den Charakter des Käses herauszuarbeiten, sei dann wiederum ihr Job. In den fünf großen Reifekellern in Nancy durchläuft der Käse einen Reifeprozess von 15 Tagen bis zu mehreren Jahren. Rund 30 Tonnen Käse lagert im Dunkel der Gewölbe. Dort werden sie regemäßig mit Salzwasser oder Alkohol eingerieben, um die Geschmacksnoten zu fördern. Die richtige Temperatur sei ebenso wichtig wie die Luftfeuchtigkeit.

Zu den umsatzstärksten Käsesorten Ostfrankreichs zählt zweifellos der Comté, den die Marchands in Reifestufen von 6 bis gar 48 Monate anbieten. Je länger, desto kräftiger und würziger – das liegt auf der Hand. Am besten sei der Comté im Juni

Speziell die Terrasse wird im Sommer gerne von den Gästen genutzt.

Küchenbrigade in Aktion Hier wird unter Zeitdruck ein Salat zubereitet.

und Juli, weil dann die Gräser saftig seien. Erst nach der Heuernte im Herbst sei die Milch wieder fett und der Käse von bester Qualität. Von kleinen lokalen Händlern entwickelten die Marchands ein internationales Käse-Imperium. Die Kunst der Lothringer besteht darin, das Rohprodukt zu verfeinern und zu veredeln. Im Geschäft in Nancy wartet sowohl eine große Käsetheke als auch ein gemütliches Restaurant auf die Kundschaft. Deftige Kost mit französischer Raffinesse aus dem Elsass, Lothringen und den Vogesen werden saisonal, sowohl einzeln als auch als Menü angeboten. Ob foie gras, Quiche Lorraine, Choucroute, Königin-Pastete, Boeuf Polmard, eine variantenreiche Käseplatte oder als Nachtisch Mirabellen-Sorbet oder Crème brulée. Hungrig wird wohl kaum jemand das nette Restaurant inklusive Außenbereich in der Altstadt von Nancy verlassen. Verantwortlich für die Cuisine lorraine ist Küchenchef Romain Drouot. Der Franzose und seine Küchenbrigade schwören auf die Lothringer Spezialitäten: Schinken, Speck und eben Käse in allerlei Variationen. „Herzhaft und sehr lecker" sei das, so der Chef de cuisine aus langjähriger Erfahrung.

Prestige-Objekte aus Baccarat für Könige, Staatchefs und gut Betuchte.

Schillerndes Kristallglas

- *Baccarat ist in der ganzen Welt bekannt*
- *Museum in einstiger Direktorenvilla*
- *Erste royale Bestellung von König Ludwig XVIII.*

Keine Frage, sowohl Elsass als auch Lothringen haben ein innovatives Erbe in Sachen Kunsthandwerk. In Ostfrankreich dominiert seit jeher Glaskunst, Fayencerie (glasiertes Steingut), Keramik oder Kristallglas. Man denke nur an Émile Gallé, der Anfang des 20. Jahrhunderts die Glaskunst revolutionierte. Der Kunsthandwerker gilt als bekanntester Vertreter des französischen Jugendstils (art nouveau). Seine Objekte wie Gläser, Vasen oder Lampenschirme erzielen heute bei Sammlern Höchstpreise. Der Mitbegründer der „école de Nancy" experimentierte mit neuen Techniken der Glaskunst. Mit seinen Werken erlangte der Lothringer Weltruhm. Oder: Hier sind wir beim zweiten Pionier René Lalique, dem im nordelsässischen Wingen-sur-Moder ein Museum gewidmet ist. Er kreierte Vasen, Schmuck, Skulpturen, Leuchten unter anderem für die Königin von England, für Ozeandampfer oder den Orient Express. Für Citroën und Bugatti schuf er in den 1920er-Jahren Kühlerfiguren.

Bekannt war der Glas-Künstler zudem für seine edlen Parfüm-Flakons. Vor der Ära Lalique wurde Parfüm in schlichten Apothekerflaschen veräußert. Auch als Marketing-Genie galt der Kunsthandwerker, der aus der Champagne stammt (heute: Grand Ést). Mit den geschwungenen Formen und seinem Spiel mit Licht gilt er als wichtiger Vertreter des art nouveau und später auch des art déco mir seinen klaren geometrischen Formen. In der Glashütte in Wingen-sur-Moder im elsässisch-lothringischen Grenzgebiet entstanden seine Werke. In der benachbarten Manufaktur im lothringischen Meisenthal machte Émil Gallé einst seine Ausbildung. Zu nennen wären auch die traditionsreichen Fayencerien von Saargemünd und Niderviller oder die Cristallerie von Vallerysthal – allesamt in Lorraine angesiedelt. Doch alle haben eines gemeinsam: Die blühenden Zeiten sind Geschichte. Die Öfen von Saargemünd sind längst erloschen, in Niderviller ist nur noch einer von einst mehreren Hundert Mitarbeitern tätig und in Vallyersthal halten Auszubildende der Glasmacherei den Betrieb gerade noch so am Laufen.

Doch ein Name sticht hervor, der auch heute noch Weltruf genießt: Baccarat. Das Kristallglas der lothringischen Manufaktur zählt zu den weltweit bekannten

Das Musée du Cristal von Baccarat befindet sich Cours des Cristalleries im Ortskern.
www.baccarat.de
Ganzjährig geöffnet, Di.–So. 10–12 Uhr und 14–18 Uhr. Zur Hauptsaison Juli und August durchgehend von 10–18 Uhr geöffnet.

Bon appétit: Vornehm gedeckter Tisch – selbstredend sind alle Utensilien made in Lorraine.

Luxusmarken. Und: das Unternehmen ist auch heute noch im Gegensatz zu den genannten Manufakturen gut im Geschäft. „Wir beschätigen rund 530 Mitarbeiter. Unsere Glasbläser und Graveure zählen zu den Meistern ihres Fachs. Die Marke steht für bestes französisches savoir-faire", betont Annabelle Ferry, die für das Museum in dem Städtchen zwischen Nancy und Strasbourg zuständig ist. Vor rund fünf Jahren wurde die einstige Direktoren-Villa zum Museum und Showroom ausgebaut. Auffällig, wie eng die Eigentümer mit ihrer Kristallglas-Manufaktur verwoben waren. Sie lebten nur einige Schritte von der Fabrik entfernt, die nur von einem kleinen Park getrennt ist. Nach wie vor befindet sich die Fabrik mitten im Kern des 4500 Einwohner zählenden Ortes. 1764 befahl König Ludwig XV. den Bau einer Glasbläserei in Baccarat, die sich zu einer Kristallmanufaktur entwickelte. Die Blütezeit begann mit der ersten royalen Bestellung 1823 von König Ludwig XVIII. – Charles X, Louis-Philippe und Napoleon III folgten als Stammkunden.

Bereits im 19. Jahrhundert bediente die Manufaktur im Département Meurthe-et-Moselle den Luxusmarkt. Tafelservice, Gläser, Vasen, Kristallleuchter, Ziergegenstände, Schmuck (heutzutage werden gar Sofas hergestellt) waren und sind bei gut betuch-

Pompöser Kronleuchter aus rotem und hellen Kristall der Manufaktur am Rande der Vogesen.

ten Menschen nach wie vor begehrt. Seit jeher hatte das Unternehmen prominente Kundschaft. „Zar Nikolaus II., der König von Thailand, Prinz Aga Khan III oder Prinz Rainier von Monaco", zählt Annabelle Ferry auf. Die Liste ließe sich beliebig erweitern. Staatsbankette im Élysée-Palast werden seit 1899 mit Tafelservice der Manufaktur bestückt. „Bei Baccarat sind Kunsthandwerk und Marketing früh Hand in Hand gegangen. Man war stets auf Weltausstellungen präsent und gewann dort Preise und Renommee", erläutert die Museumschefin die mehr als 250-jährige Erfolgsgeschichte der schillernden Handwerkskunst.

Warum gerade im Arrondissemont Lunéville am Rande der Vogesen eine gute Basis für eine Cristallerie war, weiß die Museumschefin nur zu gut: „Hier in der Region ist alles vorhanden: Wald, Wasser, der geeignete Sand und natürlich gut ausgebildete Handwerker." Heute sei man stolz darauf, dass man rund 20 Glasmachermeister beschäftige, die als beste Handwerker Frankreichs (Meilleur ouvrier de france) ihres Fachs ausgezeichnet wurden. Zu den Meistern zählt sie Georges Chevalier, der bis in die frühen 1970er-Jahre Design-Objekte gestaltete. Nobel-Restaurants und Sterne-Küchen zählen zu den Kunden ebenso wie Inhaber von Yachten und Privatjets. „Wir haben traditionell neben Frankreich viele Kunden aus Asien und dem Nahen Osten", berichtet Ferry.

Das Unternehmen mit Sitz in Nancy hat Dependancen von Paris über Miami bis Tokio, zudem existiert ein Baccarat Hotel in New York. In dem Museum gibt es etliche imposante Objekte zu sehen. Vom pompösen Kronleuchterr über königliches Tafelgeschirr, historischen Vasen bis zu Skizzen und Entwürfen. Einen selbsterklärenden Film über die Produktion ohne Ton gibt es zudem. Allerdings sollte man erwähnen, dass es sich bei dem Museum nur um einen längeren Raum im Erdgeschoss handelt. Kurz: Man ist ziemlich schnell durch. Im relativ unglamourösen Ort selbst gibt es vis-à-vis des Museums mehrere Ladengeschäfte, die Kristallwaren aus Baccarat anbieten.

Bereits 1913 gab es ein Thermalbad in Nancy, das erweitert werden sollte. Der Erste Weltkrieg machte die Pläne zunichte. Nun darf wieder geplanscht werden.

Nancy geht baden

- *Im Frühjahr 2023 öffnete Thermal-Komplex im Herzen der Stadt*
- *Rückbesinnung auf Bäder-Vergangenheit*
- *Historisches Ambiente und modernes Design*

Ein noch junges Angebot der Stadt Nancy ist die touristische Ausrichtung hin zu einer Wellness-Destination. Im April und Mai 2023 öffneten ein Thermal-Spa mit Hotel, ein Thermalkurzentrum und ein Wassersportbereich nach rund vierjähriger Bauzeit ihre Pforten. Auch wenn „Nancy Thermal", wie das Projekt genannt wird, noch recht neu ist – es knüpft an eine länger zurückliegende Vergangenheit von Bädern und Saunen in der Herzogstadt an. Um 1900 stieß Louis Lanternier, ein Architekt aus Nancy, bei einer Bohrung unter dem Park Sainte-Marie auf eine heiße Quelle in mehr als 800 Metern Tiefe. Die Bohrung galt seinerzeit als einer der tiefsten in ganz Europa.

Auf der Internationalen Ausstellung über Ostfrankreich 1909 in Nancy stellte er sein Projekt eines Thermalbades für die Bevölkerung aus dieser Quelle en détail vor. Rund zwei Millionen Menschen besuchten die Ausstellung, die als Schaufenster von innovativen Entwicklungen der Region diente. Im Übrigen fungierte die Ausstellung politisch auch dazu, an die „verlorenen Provinzen" Elsass und Lothringen" zu erinnern. Aus nostalgischen Gründen wurde eigens ein elsässisches Fachwerkhaus aus der Nähe von Haguenau abgebaut und im Park Sainte-Marie neu errichtet. Ein großer Themenpavillon war der École de Nancy und deren berühmten Kunsthandwerker Gallé, Daum oder Majorelle gewidmet.

Letztlich gab die Nationale Medizinische Akademie 1911 eine positive Stellungnahme über die Qualität des Thermalwassers für therapeutische Zwecke ab. Ein Teil der Anlage wurde schließlich 1913 in Betrieb genommen. An der heißen Quelle wurde zuvor ein steinerner, mit Mosaiken verzierter Rundbau errichtet. Aufgrund des Ersten Weltkrieges und seiner wirtschaftlichen Folgen nur ein Jahr später wurden jedoch sämtliche Arbeiten wieder eingestellt und das Projekt nicht weiterverfolgt. Und nun, gut 110 Jahre später wurde die Vision von Louis Lanternier doch noch Realität. Entspannung, therapeutische Behandlung für Rheuma-Patienten, Aqua-Fitness und Bade-Spaß stehen in Nancy nach vielen

> **i**
>
> Der Thermal- und Schwimmkomplex „Nancy Thermal" befindet sich in 41 Rue Sergent Blandan, angrenzend an den Park Sainte-Marie im Zentrum, unweit des Museums École de Nancy. Infos über Preise und Öffnungszeiten: www.nancythermal.fr (auf franz./engl.)

Planschen zwischen historischen Säulen. Nach mehr als 100 Jahren wurde Nancy Thermal wieder aufgegriffen und schließlich vollendet.

Auf der internationalen Ausstellung für Ostfrankreich 1909 in Nancy wurde das Projekt mit den heißen Quellen aus einer der tiefsten Bohrungen seinerzeit in Europa vorgestellt.

Vorzeige-Projekt der Stadt Nancy zwischen Tradition und Moderne.

Dekaden wieder oben auf der Agenda. „Die Architekten der neuen Therme haben den einstigen Entwurf aufgegriffen und vollendet. Sie haben dabei das ursprüngliche Design zwischen historischem Erbe und Moderne stringent weiterentwickelt", betont Vincent Dubois, Manager Stadt-Marketing Nancy. Die Therme wurde Ende 2022 zudem als historisches Monument zertifiziert.

„Nancy Thermal" mit seinen Einrichtungen – Spa, Thermalkur-Zentrum, Wassersport-Komplex – befindet sich im vom art nouveau geprägten Quartier von Nancy unweit des Museums École de Nancy. Ferner grenzt die Anlage auf einem Areal von gut 20.000 Quadratmetern an den Park Sainte-Marie und seiner botanischen Vielfalt. Die Rückbesinnung auf die Bäderhistorie mit dem 35 Grad warmen Thermalwasser kommt nun Kurgästen und Besuchern zugute. Im Aqua-Sportbereich mit seinen Wasserspielen auf rund 400 Quadratmetern, Rutschen und dem großen Schwimmbecken sollen Familien mit Kindern und Schwimmer zu ihrem Recht kommen.

Bruno Klotz hat sich als Kalligraf der Schönschrift verschrieben und hat so manchen Bücherschatz in seinem alten Haus mit Scheune.

Von Jules Verne bis Victor Hugo

- *Fontenoy-la-Joute ist als Bücherdorf in Ostfrankreich bekannt*
- *Bibliophile Schätze in altem Gemäuer*

Schon von der Rue nationale ist es zu sehen, das Schild mit dem Bücher-Emblem, das auf Fontenoy-la-Joute, hinweist, als „Village du livre" – einem Bücher-Dorf. Gegründet wurde es auf Initiative von Pater Serge Bonnet, der nach dem Vorbild des Bücher-Dorfes Redu in den belgischen Ardennen, etwas Ähnliches in Lothringen ins Leben rufen wollte. Gut 30 Jahre ist das mittlerweile her und Fontenoy-la-Joute hat sich zu einem Zentrum entwickelt, in dem der Schrift auf gedrucktem Papier ein echtes Denkmal gesetzt wurde. Mehrere Buchhändler mit ihren Antiquariaten, eine Buchbinder-Werkstatt oder ein Kalligraf haben hier ihr Domizil gefunden. In den alten Scheunen des Dorfes, das zwischen Nancy und Saint Dié-des-Vosges liegt, befinden sich Tausende von Büchern, die den Besuchern feilgeboten werden. Im Sommer verwandelt sich der Ort aus dem 12. Jahrhundert im Osten Frankreichs zu einem riesigen Bücher-Flohmarkt.

Um dort anzukommen, fährt der Bücher-Freund zunächst durch Landstriche mit weiten Feldern und unverstelltem Blick auf hügelige Landschaften. Fast mutet es wie eine Zeitreise an, wenn man das verwunschen wirkende 300 Seelen-Dorf am Rande der Vogesen betritt und die Einwohner in ihren historischen Gemäuern antrifft. Skurrile Figuren, die der Literatur treu ergeben sind. Zwischen Werken von Saint-Éxupery, Victor Hugo, Jules Verne, Voltaire oder Heinrich Heine haben sie sich eingerichtet. Viele widmen sich der Lothringer Geschichte und den beiden Weltkriegen sowie dem Deutsch-Französischen Krieg von 1871 zwischen den damaligen Erbfeinden. Ganze Regal-Reihen widmen sich beispielsweise dem bekannten französischsprachigen Krimi-Autor aus Belgien, Georges Simenon. In den Wintermonaten, wenn er die Kundschaft an einer Hand abzählen kann, werden die Buchschätze archiviert oder restauriert. Die Arbeit dürfte manchem nicht allzu rasch in dem Dorf, an dem deutlich der Zahn der Zeit nagt, ausgehen. Als Sekretär der Vereinigung des Buchdorfes unweit der Kristallstadt Baccarat fungiert Bruno Klotz. Der Mann, der optisch irgendwo zwischen Wikinger und orthodoxem Geistlichen angesiedelt ist, lebt in einem sehr alten, zugigen Haus mit Scheune, das naturgemäß an Büchern keine Armut

Fontenoy-la-Joute liegt südöstlich von Nancy, zwischen Lunéville und Baccarat unweit der Rue Nationale 59.
Von Anfang Mai bis Ende September haben die Händler das Bücher-Dorfes geöffnet, in der dunklen Jahreszeit nur am Wochenende sowie an Sonn- und Feiertagen.
www. Fontenoy-la-Joute.com (village du livre)

Wie eine Zeitreise: In dem Lothringer Dorf hat sich über die Jahrhunderte nicht viel verändert. Bibliophile erfreuen sich an den vielen Büchern.

Auch deutschsprachige Ausgaben des „Maigret"-Autors Georges Simenon kann man finden. Darüber ein Emailschild der Zeitung „La Meuse" in Lüttich – dem Geburtsort von Simenon

aufweist. Der gebürtige Straßburger übt sich an der Kunst der Schönschrift, der Kalligrafie. Routiniert bringt er Lettern in antiken Typografien wie gedruckt zu Papier. An der Universität von Tours hat er seine Kunst gelernt und setzt sie nun für Kunden unter anderem in Genealogien (Stammbäumen), in Menü-Karten für Restaurants oder in Workshops für Interessierte um. Wie er zu der ungewöhnlichen Profession gekommen sei? „Ich liebe einfach Bücher und die Kunst, die damit zusammenhängt. Bücher haben etwas Sinnliches, Spirituelles und sie vermitteln Wissen. Die Schrift transportiert dies", sagt der bärtige Mann mit tiefer Stimme. Ob eindrucksvolle Schriften in der Art des Jugendstils oder in der Gotik des 14. Jahrhunderts. Als Marketing-Mann der lokalen Büchergilde weiß er naturgemäß auch, woher die Besucher kommen, die regelmäßig von Anfang April bis Ende September Fontenoy-la-Joute bevölkern. „Sehr viele kommen aus der Region, direkt aus Lothringen. Neben dem übrigen Frankreich kommen auch viele Bücher-Freunde aus Belgien, Luxemburg, der Schweiz oder Deutschland. Aus der Nachbarschaft eben", erklärt der Kalligraf. Und eines ist ziemlich gewiss: Auch in diesem Sommer werden wieder Bibliophile die Landstraßen des Departements Meurthe-et-Moselle durch bezaubernde Landschaften befahren, um seltene Ausgaben zu erwerben.

Auch Kakteen gibt es reichlich auf dem Universitätsgelände zu sehen.

Schutzraum für Biodiversität

- *Nancy hat den größten Botanischen Garten Frankreichs*
- *Jugendstil-Künstlern diente er als Quelle der Inspiration*
- *Pflanzenvielfalt in 19 Themengärten*

Was das bauliche Erbe des Jugendstils betrifft, gilt Nancy mit seinem Ensemble als die Nummer zwei in Frankreich - nach Paris. Aber es gibt auch etwas in der Stadt im Département Meurthe-et-Moselle, in dem sie landesweit ganz vorne steht. Nancy beherbergt nämlich den größten und umfangreichsten Botanischen Garten Frankreichs. Und hier sind wir wieder bei dem Nancy prägenden art nouveau. Für die Künstler des lothringischen Jugendstils um 1900 war der Botanische Garten von Nancy seit jeher eine Quelle der Inspiration. Fasziniert von der überbordenden Pflanzenwelt übertrugen sie den Formenreichtum auf Vasen, Schalen, Gläser und Möbel. Etwas außerhalb der Stadt im Vorort Villers-lès-Nancy kann der Besucher auf 35 Hektar mehr als 12.000 verschiedene Pflanzenarten aller Kontinente entdecken. 19 Themengärten befassen sich auf dem Universitätsgelände mit der Vielfalt und dem Artenreichtum der Botanik. Schwerpunkte liegen unter anderem auf Rhododendron, Flieder, Rosen und speziell Pfingstrosen.

Der Rosengarten gilt als einer der Attraktionen der Anlage. Weitere Themengärten befassen sich unter anderem mit dem Lothringer Wald, alpinen Pflanzen oder eine Orangerie mit Zitruspflanzen. Es gibt ferner fünf Gewächshäuser mit tropischer Vegetation mit gigantischen Wasserlilien, Riesenorchideen, Bananenstauden, Palmen, Kakteen oder Kakaobäumen. Konkret gibt es ein Haus mit kulinarisch oder medizinisch wichtigen Pflanzen (Bananen, Vanille, Kaffee, Gewürze, Maniok, Heilpflanzen), eines für Pflanzen aus dem Tropenwald, eines mit Wasserpflanzen (unter anderem Mangroven aus dem Amazonas, Seerosen), eines für Pflanzen des Indischen Ozeans (Palmenarten) sowie eines für tropische Trockengebiete (Agave, Kakteen). Oder ein Haus speziell für fleischfressende Pflanzen. Vielfältig ist auch das Herbarium des ehemaligen Botanischen Kolonialinstituts auf dem Areal. Forscher hatten im 19. Jahrhundert Kaufmänner und Militärs auf ihren Reisen in die damaligen Kolonien begleitet und eine große Sammlung konservierter Pflanzen angelegt.

i

Jardin botanique, 100 rue du jardin botanique im Vorort Villers-lès-Nancy.
Öffnungszeiten: 1. April - 31. Oktober täglich geöffnet. Garten: 9.30 - 18 Uhr, Gewächshäuser und Shop: 9.30 - 11.45 Uhr und 13 - 17.45 Uhr.
Winterzeit: 1. November bis 31. März ebenfalls täglich geöffnet, Garten: 9.30 - 12 Uhr und 13 - 17 Uhr, Gewächshäuser und Shop: 9.30 - 11.45 Uhr und 13 - 16.45 Uhr.

Gewächshaus mit Schwerpunkten von Wasserpflanzen bis tropische Trockengebiete.

Kakaobaum, der zur Familie der Malvengewächse zählt.

Der Hobby-Botaniker kann auf dem ausschweifenden Areal mit seiner enormen Pflanzenvielfalt sicherlich problemlos einen Tag zubringen. Das Konservatorium und der Botanische Garten sind Pflanzenkulturstätten wissenschaftlicher und fachlicher Art und werden vom Kommunalverband Metropole Grand Nancy und der Universität von Lothringen betrieben. Viel Wert wird auf Umweltpädagogik für Schulklassen gelegt. Botanik-Kurse und wissenschaftliche Vorträge zählen weiterhin zum Bildungsangebot. Die Anlage ist Mitglied im Verband der Botanischen Gärten Frankreichs, deren Auftrag die Erhaltung des botanischen Erbes ist.

Eine Japanische Zeder auf dem 35 Hektar großen Areal des Botanischen Gartens.

Zudem gilt das Areal als Versuchslabor, um Pflanzen resilienter für künftige klimatische Veränderungen wie beispielsweise Dürreperioden zu machen. Der „Garten der Evolution" hat sich den Schutz der Biodiversität auf die Fahnen geschrieben. Als „lebendes Pflanzen-Museum" wird die Einrichtung vermarktet, dessen Vorläufer auf den Gartenfreund, Herzog Stanislas von Lothringen, Mitte des 18. Jahrhunderts zurückgeht. Stanislas förderte wie viele Aristokraten seinerzeit opulente Gartenanlagen.

Benannt ist der Jardin botanique, der 1975 in der Mirabellenstadt offiziell eröffnet wurde, mittlerweile nach Jean-Marie Pelt. Der Mann, der aus Rodemack nahe der Grenze zu Luxemburg stammt, war ein in Frankreich bekannter Pharmakologe und Botaniker. In Nancy lehrte er als Professor für Botanik und Pharmazie. Etliche populärwissenschaftliche Bücher zu Themen wie Ökologie und Umweltschutz entstammen seiner Feder. Der zum Ritter der Ehrenlegion gekürte Biologe galt als enger Freund des Gründervaters der Europäischen Union, Robert Schuman. Aufgrund seines Engagements in Sachen Biodiversität wurde der Jardin botanique nach dem 2015 verstorbenen Botaniker umbenannt.

Eingelegte Mirabellen. Das Obst gibt es in vielerlei Varianten.

Gelbe Zwetschge als Brand beliebt

- *Mirabellen gedeihen in Lothringen besonders gut*
- *Hier wird 70 Prozent des Weltmarktes produziert*
- *Klima und Kalkboden entscheidend für goldene Frucht*

Für seine Mirabellen ist Lothringen in der ganzen Welt bekannt. Das Zentrum der gelben Frucht liegt in Rozelieures bei Lunéville. Und hier ist auch das einzige Museum zum Thema untergebracht, im „Maison de la Mirabelle". In dem beschaulichen Dörfchen im Département Meurthe-et-Moselle erfährt man alles über die schmackhafte, goldfarbene Frucht und kann auch einen Blick in die Produktion und die Brennerei werfen. Betrieben wird es von der Familie Grallet, die bereits in der fünften Generation das Geschäft mit der „gelben Zwetschge" (eine Unterart der Pflaumen) betreibt. Ursprünglich stammt die Mirabelle aus dem Nahen Osten, seit dem 15. Jahrhundert wird sie jedoch bereits in Lothringen angebaut. Geerntet wird sie von Mitte August bis Ende September mittels einer ausgefeilten Schütteltechnik. Rund 16.000 Tonnen werden pro Jahr auf rund 2.000 Hektar geerntet und aus dem beschaulichen Landstrich in alle Wert exportiert.

Etwa 25 Hektar davon mit rund 5.000 Bäumen besitzt die Familie Grallet und produziert aus der goldenen Frucht Produkte in Hülle und Fülle. Natürlich Mirabellenschnaps, aber auch den ersten Whisky aus Lothringen, auf den die Grallets, die seit 1890 im Geschäft sind, besonders stolz sind. Oder: Konfitüre, Sirup, Likör, Schokolade, Pastete, Essig und sogar Parfüm. Alles fraglos edle Produkte. Aber: „Am besten schmeckt mir die Mirabelle Natur. Frisch vom Feld, direkt in dem Mund. Sie hat einfach einen tollen Geschmack, sehr süß, einfach delikat", erklärt Sabine Grallet-Dupic lachend. Die Tochter von Hubert Grallet ist in dem Familienbetrieb westlich der Kristallstadt Baccarat für das Marketing zuständig. Sie hat auch eine Erklärung warum die Mirabelle so gut in Lorraine gedeiht und geradezu zu einem Wahrzeichen für die Region geworden ist. „Wir haben hier genau das richtige Klima. Viel Sonne, aber auch frostige Nächte.

i

Maison de la mirabelle, 16 rue du Capitaine Durand, Rozelieures. Das Dorf liegt zwischen Baccarat und Bayon, südlich von Nancy. Das Mirabellen-Museum befindet sich im Ortszentrum.
✆ 00 33 / 3 83 72 32 26
www.maisondelamirabelle.com
Öffnungszeiten: 1. Mai bis 30. September Mo.-Sa. 9-11 Uhr und 13.30 bis 17.30 Uhr, So. und FE: 13.30 bis 17.30 Uhr 1. Oktober bis 30. April Mo.-Fr. 9 bis 11 Uhr und 13.30-17.30 Uhr, Sa., So., FE nur auf Anfrage. Gruppenführungen möglich.

Viel Handarbeit ist nötig, um die Pflaumenunterart gelbe Zwetschge zu ernten.

Liebt die goldene Frucht und deren Vielfalt: Sabine Grallet Dupic vom größten Mirabellen-Produzenten in Rozelieures.

Hinzu kommt der besonders gut geeignete Kalkboden", klärt die Lothringerin, die akzentfrei Deutsch spricht, über die Besonderheiten der Gegend auf. Weite Felder, viele Kühe und Pferde sowie pittoreske Dörfer.

Lothringen ist der weltweit größte Mirabellenproduzent. Rund 70 Prozent aller geernteten Früchte stammt aus dem Osten Frankreichs. Regional vermarktet werden sie auf den Märkten in Epinal oder Bayon. Denn: Nur die gute Qualität aus der Region wird mit dem Label „Mirabelles de Lorraine" zertifiziert. Auch der regionale Mirabellengeist besitzt als einziger in ganz Frankreich eine reglementierte Herkunftsbezeichnung, die für seine Authentizität bürgt. „Die geschmacklichen Eigenschaften des Mirabellengeists aus Lothringen sind zweifellos auf den perfekt dafür geeigneten Boden zurückzuführen, auf dem die Früchte gedeihen. Aber es ist eben auch viel Passion im Spiel. Viel Handarbeit, viel Tradition", erklärt Grallet-Dupic.

Prämierter Mirabellenschnaps. Die goldgelbe Frucht aus Lothringen ist geradezu prädestiniert für einen Brand.

Sie schreibt dem Obstwasser Aromen zu, die dem harten Klima, der Beschaffenheit der Böden und der Sonneneinstrahlung zu verdanken sind. Schon seit jeher brennen zahlreiche Familien ihren eigenen Mirabellenschnaps im eigenen kleinen Fässchen. Das Erbe wird meist innerhalb der Familie weitergegeben. Die Schnapsbrenner kümmern sich um alles: von den Pflanzungen bis hin zu den Verkostungen. Ob die Pflege der Obsthaine, die Ernte, die Destillation oder die Reifung – alles wird akribisch vorbereitet, um die Frucht am Ende in einen glasklaren Mirabellengeist zu verwandeln. Die handwerkliche Tradition ist den Produzenten in Lothringen enorm wichtig. „Manche sagen, wir sind Alchimisten und als Kinder in den Kessel gefallen. Vielleicht ist da ja was dran. Jeder Destillateur hat sein spezielles Rezept und der Brand schmeckt daher immer ein Tick anders. Entscheidend ist aber wie eh und je die Qualität der Mirabelle als Basis", betont die Produzentin.

Frisch aus dem Ofen: Zitrone- und Vanille-Düfte erfüllen im Nu die Bäckerei.

Jakobsmuschel mit Zitrusnote

- *Lothringer Gebäck-Spezialität aus Commercy*
- *Einst vom Kammermädchen des Herzogs erfunden*
- *Verführerischer Mini-Sandkuchen*

Thierry Zins kennt die Zahl ganz genau. Sage und schreibe vier Millionen Madeleines produziert er mit seinem Familienbetrieb pro Jahr. Das goldgelbe Gebäck aus Sandmasse, das selbst in den Werken des Schriftstellers Marcel Proust Niederschlag fand, ist für den gelernten Bäcker eine echte Leidenschaft. Kurz nach dem Zweiten Weltkrieg begann sein Großvater mit der Produktion der lothringischen Spezialität, welche die Form einer Jakobsmuschel aufweist. Und heutzutage zählt der Patissier aus Commercy zu den wenigen in der Branche, die das Gebäck noch per Hand herstellen. „Ganz wichtig, bei uns läuft das alles manuell. Wir unterscheiden uns von den großen Industrieproduktionen. Bei uns wird das mit Liebe gemacht. Das merkt man, denke ich." Beliebt sind die Madeleines in ganz Frankreich. Ihr Gütesiegel erhalten sie jedoch nur, wenn sie aus ihrem Ursprungsort Commercy stammen.

Entstanden sein soll das Gebäck aus Rührteig um 1750 in den Küchen des französischen Herzogs und früheren polnischen Königs Stanislas. Von der herzoglichen cuisine soll sie in die Küchen von Versailles gelangt sein. Die französische Königin ließ die Madeleines fortan ihren Gästen servieren. Nach dem Tode von Stanislas 1766 machte sich einer seiner Konditoren selbstständig und ließ sich mit samt dem Geheimrezept in Commercy nieder. Das kleine Städtchen, das zwischen Toul und Bar-le-Duc im Departement Meuse liegt, durfte sich fortan Heimat der Madeleine nennen. Der Historie ist sich Thierry Zins durchaus bewusst. Um das vermeintlich geheime Rezept macht er jedoch wenig Aufhebens. So sind die Zutaten für die Köstlichkeit ohnehin recht simpel: Eier, Mehl, Milch, Butter, Zucker, Zitrone oder je nach Bedarf Butter-Vanille-Aroma. Der Lothringer präsentiert die Ingredienzien in seiner Bäckerei, die direkt vom Ladenlokal einsehbar ist. Jeder seiner Kunden des kleinen Geschäfts am Ortseingang von Commercy kann ihm bei der Zubereitung über die Schulter schauen.

Das Geheimnis des kulinarischen Erfolgs liegt wohl viel mehr in der Vielseitigkeit seiner Produkte. Schnell eilt er aus der

i

Commercy liegt westlich von Nancy unweit der N4. Die Madeleines von Thierry Zins gibt es am Ortseingang von Commercy. Die Boulangerie „La Boite à Madeleines" befindet sich am Platz La Louvière. Im Geschäft gibt es auch weitere regionale Produkte zu den üblichen Ladenöffnungszeiten.

www.madeleines-zins.fr

Handgemacht in Commercy. Das Gebäck in Form einer Jakobsmuschel wird akribisch sortiert.

Schön verpackt: der kleine Sandkuchen ist nicht nur etwas für Naschkatzen.

Backstube in den Laden und präsentiert Madeleines mit Mirabellen, mit dunkler Schokolade, heller Schokolade, mit Kokosnuss, mit Orange, in Meringue-Form, mit Akazien-Honig und, und, und. Das alles entsprechend dekoriert und drapiert, teilweise in altertümlich anmutenden Dosen verpackt. Das goldgelbe Gebäck macht Lust auf mehr. Allerdings: Wenn man betrachtet wie viel Butter geschmolzen wird, um die Madeleine auf Höchstform zu trimmen, gewinnt man fast schon beim Zuschauen an Gewicht. Mehr als sieben Kilogramm Butter werden für 1.000 Madeleines benötigt. Nicht wirklich etwas für Kalorienbewusste. Zins benutzt nur ausgewählte Zutaten für seine „production artisanale".

Unterstützt wird er in seinem Geschäft mit dem Namen „La Boite à Madeleines" von seiner Gattin und seinem Bruder. Insgesamt sechs Mitarbeiter sorgen dafür, das Kleingebäck zu veredeln. Verkauft werden die goldgelben Desserts vorwiegend in Frankreich und den Benelux-Ländern. Das Hauptgeschäft wird bei Zins jedoch im Ladengeschäft gemacht, das auf der Touristenroute nach Verdun liegt. „Auch viele Holländer, Engländer und Deutsche kommen hier vorbei. Aber unseren größten Umsatz machen wir schon mit den einheimischen Kunden", betont der Mann mit den Elsässer Wurzeln. Ob er sie selbst überhaupt noch gerne isst? Da muss Thierry Zins nicht zweimal überlegen. „Sicher, man hat ja eine große Auswahl. Als Dessert ist die Madeleine einfach wunderbar. Aber natürlich sollte man sie in Maßen genießen, wenn man auf seine Figur achten möchte", meint er augenzwinkernd. Aber noch mehr Freude mache ihm die Zubereitung des traditionellen Gebäcks aus Lothringen. „Es macht einfach Spaß, mit den Händen so ein Produkt herzustellen. Ich mache das schon fast 30 Jahre lang und habe nie die Lust daran verloren. Dieses Gebäck hat ja auch eine große Historie in unserer Region. Seit 1755 ist die Herstellung überliefert. Das ist ein großes Erbe", meint er stolz.

Typisch ist die Backform im Design einer Jakobsmuschel, in der die Masse per Spritzbeutel hineingegeben wird. Warum die einem Muffin nicht unähnliche Spezialität nach einem Mädchenname benannt wurde? Auch dafür gibt es eine Legende. So soll ein Kammermädchen für den Konditor von Herzog Stanislas eingesprungen sein, als dieser während einer seiner Empfänge die Stelle aufgab. Madeleine vertrat ihn und bereitete das einzige Gebäck zu, dessen Rezept sie von zu Hause aus kannte. Den blaublütigen Gästen schien es sehr zu munden. Und da es noch keinen Namen für das Hausfrauenrezept gab, beschloss Stanislas, es nach dem Dienstmädchen Madeleine zu taufen, die es ja schließlich „erfunden" hatte. Ob die Geschichte stimmt, darüber kann Konditor Zins nur mit den Achseln zucken. „Aber eine schöne Geschichte ist es schon", meint der Lothringer.

Dekorative Vase mit orientalischem Einschlag.

Das Pappmaché-Imperium

- *Möbel aus lackiertem Karton waren im 19. Jahrhundert beliebt*
- *Museum in Pont-à-Mousson mit sehenswerter Ausstellung*
- *Adelshäuser schätzten Orientalismus und Japonismus*

Es ist eine einzigartige Sammlung von Objekten aus Pappmaché, die das Auge im Museum „Au fil du papier" erfreut. Hier eine Schnupftabakdose, dort aufwendig dekorierte Stilmöbel, eine reichlich verzierte Vase oder ein Schachtisch. Es gibt offensichtlich kaum etwas, das aus „gekochtem Karton" nicht machbar ist. Selbst ein Radio, das so gar nicht nach dem leichten Material aussieht, befindet sich in dem schmucken Herrenhaus aus dem 16. Jahrhundert in Pont-à-Mousson. Das Städtchen mit seinem historischen Marktplatz aus Kopfsteinpflaster und einer prächtigen Abtei wurde nicht umsonst für die außergewöhnliche Kollektion ausgewählt. Hier stand einst eine Fabrik der deutsch-französischen Industriellenfamilie Adt, die ein kleines Imperium für Pappmaché-Objekte in der Region Saar-Mosel errichtete. Ihr Ursprung befand sich in Saarbrücken-Ensheim. Aber auch in Forbach und Pont-à-Mousson arbeiteten Ende des 19. Jahrhunderts einige Tausend Mitarbeiter in der Produktion.

Die Fabrik in Pont-à-Mousson wurde nach dem Deutsch-Französischen Krieg 1870/71 errichtet. Da Forbach zum vom Deutschen Reich annektierten Gebiet Elsass-Lothringen zählte, sollte Pont-à-Mousson (das nicht in Moselle und damit nicht im annektierten Teil Lothringens lag) dafür sorgen, dass der direkte Zugang zum französischen Markt erhalten blieb. 1872 nahm die Fabrik in dem Mosel-Städtchen ihren Betrieb auf. Die Kunst der Herstellung von Pappmaché ist im Übrigen uralt und wurde bereits im 2. Jahrhundert in China erfunden. Über die Seidenstraße gelangten die Geheimnisse der Produktion nach Europa. Über einen Pariser Buchbinder erreichte die Handwerkskunst schließlich den Müller Matthias Adt. Dessen Nachkommen gründeten 1843 die erste Fabrik für die industrielle Pappmaché-Produktion und wurden Weltmarktführer in diesem Segment. Die Herstellung sah wie folgt aus: In ein großes Wasserbecken kamen Karton, Papier und Lumpen, die durch einen Rotor – einem Mühlstein mit Metallzacken – zu einem Faserbrei aufgelöst wurden. Der daraus entstandene Papierberg

Pont-à-Mousson befindet sich ziemlich in der Mitte von Metz und Nancy. Das Museum „Au fil du papier" liegt in der Innenstadt, in einer Seitengasse, unweit des Marktplatzes, 13 Rue Magot de Rogéville.
Die Einrichtung hat das ganze Jahr über täglich 14–18 Uhr geöffnet (außer Di.). Gruppenführungen möglich (auf Französisch).
www.ville-pont-a-mousson.fr

Pompöser Salon mit Namen „Queen Victoria“ – alles hergestellt aus Pappmaché.

wurde schließlich getrocknet und man hatte das gewünschte Pappmaché. Ein Material, das gleichzeitig stabil, flexibel und gut modellierbar war.

Bis in die 1960er-Jahre existierte die Fabrik am Ortsrand von Pont-à-Mousson im Département Meurthe-et-Moselle. Heute findet sich dort eine Ruine. Pappmaché hatte im 19. Jahrhundert, vor der Erfindung des Bakelits im Jahr 1907, eine ähnlich bedeutende Rolle wie heute viele Kunststoffe. Nach dem Zweiten Weltkrieg schwand das Interesse an Pappmaché-Möbeln deutlich. Die „lackierte Pappe" wurde durch Plastik ersetzt. Im Museum fasziniert insbesondere, wie fein verarbeitet und graviert die Objekte sind. Nie käme man auf die Idee, es mit vermeintlich minderwertiger Pappe zu tun zu haben. Ende des 19. Jahrhunderts war in den adligen Häusern Europas der Orient und Asien schwer in Mode. Die Industriellenfamilie Adt schickte ihre Kunsthandwerker über längere Zeiträume in die Ferne, damit sie dort die Techniken erlernten. Drucker, Möbelbauer, Graveure und Maler arbeiteten Hand in Hand, um den lackierten Karton in höchstem Glanz scheinen zu lassen. Auf den Weltausstellungen jener Zeit heimsten sie etliche Preise ein. Die Bandbreite der Stilrichtungen der Belle Epoque von Second Empire bis Japonismus wurde so abgedeckt – bei Alltagsgegenständen wie Schnupftabakdosen bis hin zum aufwendigen

Ein Schaukelpferdchen, das sicher viele Kinderherzen erfreut hat.

Sofa im Chinoiserie-Stil. Das Museum „Au fil du papier" in einem Renaissance-Gebäude im Stadtkern beherbergt die größte Sammlung seiner Art in Frankreich. Als Zentrum der Papierherstellung existierte in dem Ort zudem eine Bilderbogenproduktion. Die Strahlkraft der Imagerie Pont-à-Mousson war zwar nicht mit jener in Epinal in den Vogesen (mit der sie in Konkurrenz stand) vergleichbar, die in ganz Frankreich bekannt ist. Aber auch hier wurden mittels Lithografie-Technik Ausschneidebögen, Märchen, populäre oder militärische Motive hergestellt. „Der gestiefelte Kater", die „Bremer Stadtmusikanten" oder eine Übersicht der Uniformen der Kürassiere wurden als handgerollte Drucke auf Dorfmärkten von Hausierern vertrieben – oft mit gesungenen Beschreibungen.

Da viele Menschen zu jener Zeit noch Analphabeten waren, kamen den volkstümlichen Bildern eine große Bedeutung zu und mussten selbsterklärend wirken. Insbesondere anhand von Heiligenbildern wurden Tugenden dargestellt, die als Vorbilder und moralische Richtlinien dienten. Dank des Steindrucks wurden die Papierbögen, die wie die Vorläufer von Comics anmuten, hergestellt und von Handlungsreisenden unters Volk gebracht. Diesem Kapitel der Papierherstellung ist in dem schmucken Museum ebenso ein Raum gewidmet wie der lokalen Historie sowie den Gießereibetrieben in der Stadt.

Emailschild aus den 1920er-Jahren, welches an die große Zeit der Brauereien in Lothringen erinnert.

Das geheime Wissen der Brauer

- *In Stenay hat das größte Biermuseum Europas seinen Sitz*
- *Einziger Hopfengarten Lothringens*
- *50.000 Exponate in alter Zitadelle*

Es ist geradezu ein Denkmal für den Gerstensaft. Seit 1986 existiert in dem kleinen Örtchen Stenay nordwestlich von Metz das Europäische Biermuseum und es gilt gar als eines der größten Europas. In dem ehemaligen Vorratsgebäude der eindrucksvoll restaurierten Zitadelle aus dem 17. Jahrhundert, die 1879 in eine Mälzerei umgewandelt wurde, gibt es allerhand über die Braukunst in Frankreich zu sehen. Fast 50.000 Exponate auf einer Fläche von mehr als 3.000 Quadratmetern informieren über die Geschichte der Brauereitechniken und der Kultur des Gerstensafts von den Anfängen bis zur Gegenwart. Man sieht die Hopfenkammer, die Mälzerei, den Gärkeller oder den Brausaal. Zahlreiche Emaille-Schilder und großformatige Plakate historischer Bierwerbung in der eigenen Abteilung „Brauereiwerbung im Laufe der Geschichte" werden unter anderem ausgestellt. Vom Bierdeckel über die Sudpfanne bis zur Abfüllanlage von 1880 ist in dem akribisch eingerichteten Museum einiges zu entdecken. Brauerei-Utensilien, wohin man auch schaut – Abfüllflaschen vergangener Tage oder ein Film über Brauen gestern und heute beispielsweise.

Nicht ohne Grund wurde der Ort im Département Meuse für das Musée Européen de la Biére ausgewählt. Ab Mitte des 19. Jahrhunderts war das Grenzgebiet zu Belgien und den Ardennen Marktführer in der Produktion des Gerstensafts beim gallischen Nachbarn. Unzahlige kleine Brauerein gab es damals, während heutzutage nur wenige Global Player das Gros des Marktes in Frankreich beherrschen. Allerdings sind handwerklich gemachte Biere kleiner Micro-Brasserien wieder stark im Kommen. Das sogenannte Craft Beer" gedeiht auch in Ostfrankreich. Schließlich werden im Elsass und Lothringen sowie der Region Lille auch heutzutage noch fast zwei Drittel des gesamten Bieres im Weintrinkerland Frankreich gebraut. Im Elsass gibt es neue Marken wie Uberach, Bendorf oder

i

Das Musée Européen de la Biére befindet sich in Stenay (nordwestlich von Metz nahe der belgischen Grenze) 17, Rue du Moulin. Öffnungszeiten: jeweils 1. März bis 1. Dezember eines Jahres (10 – 12.30 Uhr und 13.30 – 18 Uhr). Es gibt spezielle Gruppentarife. Infoblätter auf Deutsch vorhanden.

www.musee-de-la-biere.com .

Es existieren in Lothringen mit dem Musée Francais de la Brasserie in St. Nicolas-de-Port und dem Ecomusée Vosgien de la Brasserie in Ville-sur-Illon zwei weitere Brauereimuseen.

Alte Karte mit Brauerei-Standorten. Nordostfrankreich war einst Zentrum der Gerstensaft-Produktion im Land und ist es auch heute noch, wenn auch in bescheidenerem Maße.

Sudkessel in der ehemaligen Zitadelle des heutigen Museums in Stenay unweit der belgischen Grenze.

Teile einer Abfüllanlage sowie Werbung einer Ardennen-Brasserie.

Sainte Cruciénne, während in Lothringen beispielsweise Bit'chum der Brasserie Tom & Charly Biertrinker auf den Geschmack bringt. Die erste Bierstraße im Elsass wurde im Übrigen bereits zu Zeiten des Baus des Straßburger Münsters eröffnet, wie man in dem Museum erfährt.

Von der Karolingerzeit über die Hochphase der Klosterbrauereien der Mönche bis zum Hier und Heute berichtet die Einrichtung unweit der belgischen Grenze auf äußerst anschauliche Weise. Der Fokus im Musée Européen de la Biére wird auch auf die technischen Verfahren der Gärung gelegt. So erfährt man unter anderem, dass beim Brauen weibliche Hopfenblüten verwendet werden und bei der Transformation beim Mälzen das Braukorn angekeimt wird. Wissen, das einst die Mönche als Braumeister in ihren Klöstern bewahrten. Die Herstellung von Bierflaschen ging erst im 18. Jahrhundert in die Massenproduktion. Am Ende der Visite locken der Museumsshop und das gemütliche Brasserie-Bistro, um diverse Biere selbst zu verkosten, darunter auch etliche exotische Fruchtbiere und Trappisten-Biere aus dem nahen Belgien. Sehr schön ist auch der Museumsgarten, in dem sich der einzige Hopfengarten Lothringens befindet.

Auch bei der mühseligen Arbeit mit der Wäsche kann man Spaß haben. Ist ja nicht jeden Tag so anstrengend.

Renaissance alter Handwerksberufe

- *Nördlich von Verdun existiert das größte Handwerkerdorf Lothringens*
- *Projekt lebt von ehrenamtlichem Engagement*
- *Zeitreise ins 19. Jahrhundert*

Jeden Sommer verwandelt sich ein kleiner Ort nördlich von Verdun zum größten Handwerkerdorf Lothringens – und zwar zu Zeiten Mitte des 19. Jahrhunderts. In Azannes scheint die Zeit praktisch stehengeblieben zu sein. Überall herrscht emsiges Treiben: Die Papiermacherin schöpft Papier, die Hutmacherin entwirft neue Modelle, der Korbmacher flechtet Behältnisse aus Weidenholz, der Drucker hantiert an einer Maschine wie zu Gutenbergs Zeiten, der Schmied stellt die Beschläge für die Pferde her, die Waschfrauen mangeln die Kleidung und, und, und. Rund 50 alte Handwerksberufe von anno dazumal feiern in dem Dorf in der Meuse eine Renaissance. Und natürlich sind alle fleißigen Handwerker stilecht in der Tracht Lothringens, die vor gut 150 Jahren üblich war, gekleidet. Auch Evelyne Fauquenot vom Verein Vieux Métiers d'Azannes. Ihr Vater, der 2017 verstarb, hat das Dorf mitsamt der wundersamen Zeitreise vor gut 35 Jahren ins Leben gerufen hat. Für jeden der Aktiven hat die freundliche Französin in dem blauen Hochzeitskleid nebst Samt-Haube von 1890 ein gutes Wort. Schließlich wollen alle bei Laune gehalten werden. Denn das größte Handwerkerdorf Lothringens basiert fest auf bürgerschaftlichem Engagement.

Mehr als 100 Aktive aus der Gegend sind ehrenamtlich im „village des vieux métiers" tätig. Getragen wird das Projekt von einem Verein mit rund 400 Mitgliedern. Und sehen wollen die liebevoll in Szene gesetzte Zeitreise Jahr für Jahr rund 45.000 Menschen – darunter zahlreiche Schulklassen -, um den nachfolgenden Generationen zu demonstrieren, wie mühselig ihre Vorfahren noch ihr Tageswerk verrichteten. „Wir möchten

i

Das Dorf öffnet jedes Jahr Anfang Mai seine Pforten – jeweils am So. (10 – 18 Uhr) – ist es geöffnet. Es gibt diverse Festivitäten das Jahr hindurch. Im Herbst schließt Azannes seine Pforten. Eintritt: Erwachsene (18 Euro), ermäßigt (15 Euro) Kinder und Jugendliche unter 16 Jahre (gratis). Es gibt ein Restaurant und ein pädagogisches Programm für Kinder (auf Französisch). Das „village" liegt nördlich von Verdun. Adresse: Domaine des Roises, Azannes-et-Soumazannes

www.vieuxmetiers.fr

So manches Buch kam aus dieser historischen Druckerpresse aus dem kleinen Ort bei Verdun.

Ein wichtiges Handwerk: die Hutmacherin. Zu sehen im village des vieux métiers in Azannes

unseren Besuchern die Historie der Region vermitteln. Gerade für Kinder hat das einen zusätzlichen pädagogischen Effekt. Jeder kann hier zuschauen und mitmachen", sagt Evelyne Fauquenot. Gesagt, getan.

Gerade hat eine Schulklasse aus Metz sich ins Waschhaus des Handwerkerdorfes begeben. Nur rumstehen, ist nicht. Und in die Knie gehen muss man selbstverständlich auch, um die Wäsche mühevoll im Wasser zu reinigen. Auffällig ist, wie liebevoll das Handwerkerdorf auf rund 17 Hektar in Szene gesetzt wurde. Das hat nichts von Disneyland oder aufgesetzter Kostüm-Show, sondern von authentischer Atmosphäre des bäuerlichen Lebens Lothringens im 19. Jahrhundert. Die zahlreichen Gebäude sind im Sandstein der Region erstellt, sind zweckmäßig und schön anzuschauen. Und in einem sind sich alle Akteure einig: In einer Region wie Verdun mit seiner blutigen Geschichte sei ein Projekt, das die Menschen vereint, von großer Wichtigkeit.

„Denn so hat die Bevölkerung damals auf dem Lande gelebt - ob in Frankreich, Deutschland, Belgien oder anderswo. Das ist unsere gemeinsame europäische Geschichte", sagt Evelyne Fauquenot. Zudem wäre es schade, wenn die heutige Generation ganze Berufsstände nicht mehr kenne. „Das wäre ein großer kultureller Verlust. Heute leben die Menschen oft von entfremdeter, industrieller Arbeit. Damals hatte die Bevölkerung noch einen direkten Bezug zur Natur. Sie lebten im Rhythmus der Jahreszeiten, pflegten enge Bande und übten enorm mühselige Tätigkeiten aus, um die Familie zu ernähren", betont Fauquenot. Das rustikale Wissens-Projekt lebt von Eintrittsgeldern und einigen Subventionen, aber vor allem vom großen Engagement aller Beteiligten. Auf dem weitläufigen Areal kann man einen ganzen Tag verbringen, hier Handwerkern über die Schulter schauen, dort mitmachen oder hier eine Tarte oder selbst gemachte Marmelade aus der „production artisanale" im hauseigenen Hofladen erstehen. Im südlichen Elsass in Ungersheim gibt es mit dem eco musée ein ähnliches Projekt.

Cécile Zienkiewicz führt durch das Städtchen Marville. Seine Blütezeit hatte der Marktflecken im 16. Jahrhundert.

Von der Zeit fast vergessen

- *Marville und die Renaissance*
- *Mittelalter-Städtchen im Norden Lothringens*
- *Historisches Ambiente schon Schauplatz für Maigret-Krimis*

Ein gelungenes Beispiel für den Einfluss der Renaissance in Lothringen ist das Städtchen Marville südlich der Festungsstadt Montmedy. Marville besitzt den zweithöchsten Bestand an denkmalgeschützten Gebäuden im Département Meuse (nach Bar-le-Duc). Insgesamt hat die Gemeinde 18 Objekte aufzuweisen, die als Monument historique klassifiziert sind. Bestens mit der Geschichte des Ortes ist Cécile Zienkiewicz vertraut. Die Lothringerin führt Besucher durch das verträumte Städtchen unweit der belgischen Grenze, das von der Zeit fast irgendwie vergessen scheint. „Während der Renaissance ist Marville prosperiert. Die Wissenschaft und die Künste blühten auf. Es herrschte im 16. Jahrhundert bereits ein relativ freiheitliches Klima", erklärt sie bei einem Stadtrundgang. Vor einigen Jahren hatte die Stadt einen Entwicklungsplan mit einer Schutzzone für das kulturelle Erbe erarbeitet, um so die historischen Gebäude angemessen zu pflegen und erhalten zu können.

Doch zurück zur Historie: In dem mittelalterlichen Städtchen herrschte im 12. Jahrhundert Graf Theobald I. von Bar, welcher die Gräfin von Luxemburg heiratete. Im Gesetz von Beaumont wurden den Einwohnern bereits früh mannigfaltige Freiheitsrechte gewährt. Die Nachfahren traten ihr Erbe schließlich an die Grafen von Bar und Luxemburg ab. Dies hatte die ungewöhnliche Konstellation zur Folge, dass Marville mehrere Jahrhunderte sowohl zu Bar als auch zu Luxemburg zählte. Die Ära der „Les Terres communes" (gemeinsame Ländereien) hatte für die Stadt den unschätzbaren Vorteil, dass sie im Zeitalter der Feudalkriege den Status der Neutralität innehatte und so von mancher Unbill und der Zerstörungswut jener Epoche verschont blieb. Seine Blütezeit hatte Marville zwischen dem 15. und 17. Jahrhundert. Unter anderem die Zeit, als es Teil von Spanisch Niederlande war, hat den Landstrich geprägt. Zahlreiche prunkvolle Gebäude geben Zeugnis von der spanischen Herrschaft in Lothringen und ihren „maisons espangnols" ab. Mit Spanische Niederlande wird das Gebiet der heutigen Niederlande, Belgiens, Luxemburgs und Teile Nordfrankreichs zur Zeit der spanischen Herrschaft bezeichnet. Nach dem Friedensschluss zwischen Frankreich

Marville liegt an der E44 südlich der Festungsstadt Montmedy. Jährlich findet hier ein Renaissance-Festival statt. Kontakt: Bureau d'information touristique de Marville 16 Place Saint-Benoit im Ortskern.
www.tourisme-lorraine.fr
Auch einen Besuch wert ist Bar-le-Duc. Hier existiert das größte Renaissance-Ensemble im Département Meuse.

Ionische Säulen an einer Haustür des Marktfleckens.

Renaissance-Portal im Altstadtkern des Städtchens in Nord-Lothringen.

und Spanien (dem sogenannten Pyrenäenfrieden von1659) kam Marville schließlich zu Frankreich. „Architektonisch ist neben der spanischen Renaissance auch der italienische Einfluss sichtbar. Die Stadt war recht wohlhabend. Diverse Privilegien und insbesondere die Neutralität sorgten für Wachstum und Gedeihen. Für mich ist jeder Rundgang ein Innehalten und eine Rückkehr in eine stolze Vergangenheit. Das Dorf birgt für mich nach wie vor viele Wunder", sagt Cécile Zienkiewicz, während sie über den für die Größe des Ortes stattlich großen Marktplatz schreitet.

Sie deutet auf diverse Häuser und Türen des historischen Ensembles. „Dies war einst das Haus der Kaufleute. Es ist typisch für die Architektur der Renaissance. Die Fassaden zeigen dorische, ionische und korinthische Säulen übereinander." Nicht weit entfernt davon befindet sich das ehemalige Haupttor der Stadt, während im Hotel Egremont vier Fenster einer Etage durch ionische, pfeilartige Formelelemente, die auf Stierköpfen ruhen, voneinander optisch getrennt werden. Beim einstigen Haus der Tuchhändler sieht man am Eingangsportal im Renaissance-Stil reichhaltige Dekorationen, beispielsweise eine mit Stoff bekleidete Statue, welche die Schutzpatronin der Weber darstellt. Im Haus des Ritters

Loggien mit Szenen des Alten Testaments. In dem historischen Ort sieht man viele prägnante Fassaden.

Michel betrachtet man Loggien über zwei Etagen mit Szenen aus dem Alten Testament. Historisch interessant sind weiterhin die Kirche Saint-Nicolas, deren Bau im 13. Jahrhundert begann, sowie der Glockenturm im barocken Stil. 2009 erhielt die Kirche eine neue Orgel. Vom Gedanken der Renaissance ist auch der historische Teil des Friedhofs erfasst. „Er ist einer der ältesten Friedhöfe Europas auf einem merowingischen Standort. Man sieht viele Abbildungen von Gevatter Tod. Während der Renaissance wurde sehr offensiv mit dem Abbild des Todes umgegangen", sagt die Stadtführerin, während sie auf einen Christus in Fesseln unter einem Baum deutet. „Es ist ein Werk aus der Schule von Ligier Richier, einem der bekanntesten Früh-Renaissance-Bildhauer im Département Meuse seiner Zeit", informiert die Französin. Einen bizarren Anblick bietet das Beinhaus auf dem Friedhof mit rund 40.000 Schädeln und Knochen. Eine romanische Kirche aus dem 12. Jahrhundert, zahlreich vorhandene Grabmalkunst sowie etliche Renaissance-Gräber sind dort ferner zu entdecken. „Das besondere Ambiente unseres Städtchens war auch mal Schauplatz eines Maigret-Krimis des belgischen Schriftstellers Georges Simenon. Die spielen ja alle in den 1960er-Jahren. Bei uns im Ort musste dafür kaum etwas für die Fernseh-Leute verändert werden", meint die Stadtführerin schmunzelnd.

Die Heilige Barbara, Schutzpatronin der Bergleute und Mineure wachte auch über die Gruben in Moselle.

Hinab in die Unterwelt

- *Lothringen war stark vom Eisenerz-Abbau geprägt*
- *150 Jahre währte die Bergbau-Tradition*
- *1989 war in Neufchef Schicht im Schacht*

Antoine Bach weiß, wovon er spricht. Schließlich war der Präsident des Vereins „Eisenerzmuseen in Lothringen" (AMOMFERLOR) selbst rund 35 Jahre unter Tage. Heutzutage klärt der 79-Jährige Besucher über das Erbe des lothringischen Eisenerz-Abbaus auf, der seine erste Blütezeit Mitte des 19. Jahrhunderts hatte und dessen Ära 1989 endgültig zu Ende ging. Im Museum in Neufchef, eine halbe Autostunde nördlich von Metz, erfährt man hautnah, was es für die Mineure bedeutete, täglich in die Gruben zu steigen und Knochenarbeit zu verrichten. In einem rund ein Kilometer langen Rundgang kann man selbst in die Unterwelt aus Stollengängen abtauchen und auf den Spuren der Lothringer Kumpel wandeln. Hintergrund: Vor rund 180 Millionen Jahren war die gesamte Region – von den Vogesen über Lothringen bis zu den Ardennen – von einem Meer bedeckt. Dort entstanden mächtige erzführende Schichten, die später in bis zu 250 Metern Tiefe abgebaut wurden. Die Erzlager bestehen aus kalk- oder siliziumhaltigem Gestein. Allerdings beträgt der Eisengehalt des lothringischen Erzes lediglich 30 bis 35 Prozent. In anderen Ländern, in denen Erz ausgebeutet wird – in China, Australien oder Südafrika beispielsweise – ist der Eisengehalt wesentlich höher und die Produktion günstiger.

Nach dem Zweiten Weltkrieg nahm daher die Zahl der Mineure in Lothringen – rund 25.000 arbeiteten noch in den 1960er-Jahren in der Eisenerzindustrie – beständig ab. Der Niedergang wurde zu Beginn der 1970er-Jahre eingeläutet. 1989 war dann endgültig Schicht im Schacht. Nach gut 150 Jahren Eisenerzabbau kam die Produktion endgültig zum Stillstand. „Für die Region war das natürlich eine mittlere Katastrophe. Viele wurden arbeitslos, es gab kaum Alternativen. Eine ganze Generation stand vor dem Nichts", erinnert sich Antoine Bach zurück. Mittlerweile nutzen viele die Grenznähe nach Luxemburg und arbeiten im Großherzogtum. Die Nachfrage einst zu Blütezeiten war so enorm, dass einheimische Arbeiter den Bedarf bei weitem nicht decken konnten. Rund zwei Drittel der „Kumpel" kam aus Italien oder Polen, die in Reihenhaussiedlungen nahe ihrer

Musée des Mines de Neufchef, 2 Rue du Musée.
Neufchef liegt zwischen Metz und Thionville.
Das Museum hat ganzjährig, täglich (außer montags) 14 – 18 Uhr geöffnet. Die Ausstellung ist trilingual (Dt., Franz., Engl.). Es stehen Audio-Guides zur Verfügung. Zudem gibt es Führungen.
✆ 00 33 / 3 82 85 76 55.
www.minesdefer-lorraine.com

Auf Loren wurde das Eisenerz aus dem Norden Lothringens an die Oberfläche befördert.

Knochenarbeit und obendrein gefährlich: hier Legung einer fiktiven Sprengladung in der stillgelegten Grube in Neufchef.

Arbeitsstätten lebten, wie man dies auch von Englands Norden mit seiner Bergbau-Tradition kennt.

Romantisch verklärt Bach, der früher als „Kapo" in seiner Mine gearbeitet hat, die Vergangenheit allerdings nicht. „Das war extrem harte physische Arbeit. Und sehr gefährlich aufgrund der Sprengungen und den gesamten Bedingungen unter Tage. Aber wir hatten auch einen Zusammenhalt, den man heutzutage nicht mehr kennt", meint der Ex-Mineur. Auch das gesamte soziale Leben mit Sport- und Musikvereinen sei eng mit der Mine verbunden gewesen. Allerdings müssen die Arbeitsbedingungen – vor allem zur Frühzeit des Abbaus – geradezu abenteuerlich gewesen sein. Damals wurde noch mit Pickel und Handbohrer gearbeitet. Die Bergleute wurden pro Tonne entlohnt und mussten gar Sprengstoff und Arbeitsgerät selbst bezahlen. Die Sprengung erfolgte per Hand. Dabei wurden flach liegende Löcher gebohrt und mit Schwarzpulver gesprengt, um das Erz zu lockern. Das zerkleinerte Erz wurde mit einem Tragekorb und Schubkarre nach draußen befördert.

Ab 1865 nutzte man Holz-Loren auf Schienen zum Abtransport, ab 1885 Erzwagen aus Eisenblech. Den elendigsten Job hatten wohl die Minen-Pferde. Sie mussten eine Wasser-Pumpe in Bewegung setzen – um eine Tonne Erz zu fördern, mussten 100 Hektoliter Wasser abgepumpt werden – und bewegten sich tagein, tagaus im Kreis auf dem harten Gesteinsboden. In manchen Gruben kamen sie lediglich am Wochenende nach draußen. In den Gruben mit Schachtanlagen verblieben sie jedoch bis zum Tod in der Unterwelt. Viele erblindeten im Dunkeln, ehe sie nach im Schnitt sechs Jahre in der unwirtlichen Umgebung verendeten. „Im Laufe der Zeit wurden Pickel und Drehkurbel durch Bohrhammer ersetzt.

Nach 1900 wurden die Handbohrer durch Pressluft ersetzt. 1950 wurde dann alles wesentlich technologischer: Elektrische Lademaschinen, Grubenmaschinen mit Elektro- oder Dieselmotoren und Greifarmlader nahmen ihre Arbeit auf", erklärt Antoine Bach. Aber die Zeit für die Kumpel in Lothringen war zu jener Zeit im Grunde schon abgelaufen. Das Eisenerz aus der Region Moselle, das bereits seit gallo-römischer Zeit abgebaut, aber erst seit der Industrialisierung in großem Stil gefördert wurde, verlor seine Bedeutung. Die Minen im Osten Frankreichs wurden nach und nach geschlossen, die Bergarbeiter-Tradition endete. Die Hochöfen in Thionville oder Longwy hatten nichts mehr zu befeuern. „Aber das Leben musste ja weitergehen. Auch wenn hier eine wichtige Industrie, welche die Menschen geprägt hat, verloren ging", betont Vereinschef Bach. Er und die Ehrenamtlichen des Vereins halten das Industrie-Denkmal in Schuss und informieren Besucher bei einem Rundgang unter Tage ausführlich.

Das Stadttor des historischen Festungsdorfs, das nur wenige Kilometer von Luxemburg entfernt ist.

Petite Carcassonne wird der Ort aufgrund seiner Ringmauer genannt. Eine Auberge im Ort greift diese Bezeichnung auf.

Das kleine lothringische Carcassonne

- *Trutziges Festungsstädtchen unweit von Luxemburg*
- *Oft Zankapfel der Großmächte*
- *Intakte Ringmauer aus dem 15. Jahrhundert*

Ein wenig scheint der Ort von der Zeit vergessen worden zu sein. Der Marktflecken Rodemack mit seinen Pflastersteingassen und seinen alten Festungsmauern verströmt an einem bewölkten Herbsttag einen leicht morbiden Charme. Einst war das lothringische Wehrdorf im Dreiländereck von Luxemburg, Frankreich und Deutschland – seiner geografischen Lage geschuldet – Spielball der europäischen Großmächte. Rodemack liegt an einer ehemals wichtigen römischen Verbindungsstraße zwischen Metz und Trier. Aufgrund seiner 700 Meter langen, noch intakten Stadtmauer, dem Stadttor und seinen erhaltenen Wehrtürmen wird Rodemack oft das „kleine lothringische Carcassonne" genannt. Wobei dieser Vergleich, wie das oft bei historischen Verweisen ist, ein wenig hinkt. Wer schon einmal vor der mächtigen Katharer-Burg im Süden Frankreichs stand, weiß, dass dies lediglich als Referenz dienen kann. Wie es zu der prestigeträchtigen Titulierung für das mittelalterliche Dorf rund sechs Kilometer von Luxemburg entfernt kam, weiß Stadtführerin Anne Christine Noirel. „Es soll einmal ein Journalist bei einem Rundgang vor sehr vielen Jahren ausgerufen haben: Oh, das sieht ja aus wie in Carcassonne, nur ein bisschen kleiner. Seitdem hat sich die Namensgebung etabliert. In jedem Fall ist die Ringmauer aus dem 15. Jahrhundert sehr besonders", berichtet die studierte Kunsthistorikerin.

Ein Restaurant im Ortskern übernahm den geschichtlichen Verweis. In der „Auberge la Petite Carcassonne" gibt es regionale Speisen wie Quiche Lorraine oder foie gras. In jedem Fall hat das Village, das vom ockergelben Jaumont-Kalkstein, welches auch das nahe Metz ziert, geprägt ist, durchaus seinen Charme. Dank seiner historischen Architektur wurde der Ort 1987 in die Liste der „schönsten Dörfer Frankreichs" aufgenommen. Seit 1905 gehört das Städtchen zu den historischen Wahrzeichen Frankreichs. Vor allem eines hat die Siedlung über dem seine mächtige

i

Das Festungsstädtchen Rodemack befindet sich nahe der Grenze zu Luxemburg, nördlich von Thionville. Das Office de tourisme befindet sich im Ortskern, Place de Baillis.
www. tourisme-ccce.fr.
Führungen (nach Voranmeldung) auf Französisch oder Englisch.

Die engen Gassen des mittelalterlichen Dorfes, das zu den schönsten in Frankreich gezählt wird.

Zitadelle thront, zu bieten: ganz viel Geschichte. Ein noch verhältnismäßig jüngeres Beispiel hat die Stadtführerin mit Blick auf das markante Stadttor parat. Ein Turm am Porte de Sierck hat eine Haube, der andere ist ohne Dach. „Gegen Ende des Zweiten Weltkriegs wurde einer der Türme gesprengt. Die amerikanischen Streitkräfte wollten mit ihren Panzern partout durch den Ort fahren. Die Einfahrt war jedoch zu schmal. Der Turm wurde zwar wieder aufgebaut, aber die Haube fehlt."

Die Geschichte der Zitadellenstadt beginnt Ende des 12. Jahrhunderts mit den Herren von Rodemack, einst mächtige Vasallen der Grafen von Luxemburg. Arnold I. von Rodemachern erbaute die erste Burg um 1190 auf einer Felsenanhöhe, die jedoch heute nicht mehr existiert. Die Herren von Rodemack nahmen eine wichtige Stellung in der Grafschaft Luxemburg ein. Ihr Grundbesitz wuchs stetig. Zur Zeit seiner größten Ausdehnung reichte dieser fast bis nach Metz. „Die Zitadelle wurde auf den Grundfesten der mittelalterlichen Burg errichtet. Im 15. Jahrhundert entstand die Wallanlage und die imposante Ringmauer zur Verteidigung der Bevölkerung. Die Loyalitäten der Herrscher änderten sich über die Jahre. Es war eine kriegerische und wechselhafte Zeit", berichtet Noirel.

Zu jener Zeit führte ein Bündnis mit dem König von Frankreich zum Niedergang der Herren von Rodemack. 1492 beschuldigte der Herzog von Luxemburg, Maximilian von Österreich (der spätere Kaiser Maximilian I.) den letzten Herrn von Rodemack des Bruchs der Lehnstreue. Er konfiszierte seinen Besitz und übergab ihn dem Markgrafen von Baden, Christoph I. Sein Enkel Christoph II. begründete die Seitenlinie Baden-Rodemachern. Die Festungsanlagen und Artilleriebollwerke wurden ausgebaut. Ein markantes Gebäude im Renaissancestil, das heute auf den Fensterstürzen noch das badische Wappen ziert, entstand im Ortskern. 1542 eroberte die französische Armee die Festung. Aufgrund des Vertrags von Crépy 1544 fiel Rodemack jedoch an Spanien. 1552 wurde Rodemack erneut von den Franzosen besetzt, um einige Jahre später aufgrund des Kontrakts von Cambrésis doch wieder spanisch zu werden.

Immer wieder wechselte der Ort zwischen der spanischen Krone und Frankreich und wurde zum ständigen Zankapfel der europäischen Großmächte - der Franzosen, Spanier und Habsburger. Rodemack wurde aufgrund seiner strategischen Lage ständig belagert - lange vor und nach den Wirren des Dreißigjährigen Krieges. Feuersbrünste zerstörten das lothringische Dorf zudem.1678 besetzten französische Truppen die Zitadelle erneut. Allerdings dauerte es fast 100 Jahre, ehe im Vertrag von Versailles von 1769 der französische Anspruch offiziell bestätigt wird. 1792 besiegten österreichische und preußische Truppen die französische Revolutionsarmee in der Festung. 1815 versuchten es die Preußen erneut. Doch die Trutzburg hielt der Belagerung dieses Mal stand. „Die Preußen waren deutlich in Überzahl, mussten sich jedoch am Ende zurückziehen. Die Garnison unterstand dem Oberbefehl von General Hugo, der danach als Held gefeiert wurde. Er war der Vater des berühmten Schriftstellers Victor Hugo", streut die Stadtführerin beim Rundgang durch „Petite Carcassonne" die Anekdote ein.

Nach Ende der Koalitionskriege wurde die Zitadelle schließlich geschleift, das Areal an Privatleute verkauft. „Viele nutzten es als Steinbruch. 1870 kaufte die Familie de Gargan die Überreste der Festung. Sie richteten sie zum Wohnen her und legten einen Park für Pflanzen zu medizinischen Zwecken und Gewürze an. Zudem machten sie aus dem Pulvermagazin eine Kapelle", erklärt die Französin. Eine kleine Gasse führt zur Barock-Kirche Saint Nicolas. Dort sieht man Chorfenster, die vom berühmten Metzer Glasmaler Laurent Charles Maréchal gestaltet wurden. Auch des badischen Markgrafen wird in der Kirche gedacht - hier im europäischen Kernland, das alle Wirrungen und Kriege der vergangenen Jahrhunderte hautnah zu spüren bekam.

Im Dreiländereck Frankreich, Luxemburg, Deutschland thront die Burganlage mächtig über dem Dorf.

Wo einst die Herzöge von Lothringen residierten

- *Die Burg von Sierck-les-Baines hatte hohe strategische Bedeutung*
- *Anlage im europäischen Kerngebiet*
- *Historie will gepflegt werden*

Langweilig wird es Robert Stypulkowski und Beatrice Reimeringer wohl so schnell nicht. Die beiden sind in der Vorstandschaft des Fördervereins der Burg Sierck-les-Baines im Dreiländereck Frankreich, Luxemburg, Deutschland aktiv. Und da der 1996 gegründete Verein gerade mal 15 aktive Mitglieder umfasst, geht die Arbeit an der Burganlage aus dem 10. Jahrhundert, die über der Mosel thront, quasi nie aus. „Es geht hier um das historische Erbe unserer Region, das gleichzeitig auch unser gemeinsames europäisches Erbe ist. Wir möchten dieses Wissen an nachfolgende Generationen weitergeben", erklärt Robert Stypulkowski. Der Ingenieur, der im nahen Atomkraftwerk Cattenom arbeitet, ist eher für die technische Seite der Restaurierung der imposanten Burganlage zuständig. Für das historische Wissen steht seine Kollegin Beatrice Reimeringer parat. Als Fremdenführerin ist sie mit der Geschichte der lothringischen Festungsanlage bestens vertraut. Auch sie hat das Interesse an der Historie ins Ehrenamt gelockt. „Dieses Städtchen mit seiner Burg war geografisch und strategisch seit jeher von großer Bedeutung. Einst stand Sierck unter der Herrschaft der Bischöfe von Trier, ehe es im 11. Jahrhundert in den Besitz der Herzöge von Lothringen kam. 1661 schließlich kam der Ort unter die französische Krone", betont die Saarländerin, die schon viele Jahre in Lothringen lebt.

Auch die nicht weit entfernte Burg Malbrouck in Manderen wurde von der Herrschaftsfamilie Sierck errichtet. „Arnold der Alte hatte die Burg Malbrouck einst erbaut. Sein Sohn Jakob wurde später Erzbischof von Trier", fügt sie hinzu. Die Burg von Sierck im Département Moselle nördlich von Thionville entstand im 10. Jahrhundert. Die Herrschaft der Familie von Sierck währte bis Anfang des 16.

i

Sierck-les-Bains befindet sich an der Grenze zu Luxemburg und dem Saarland (an der D654). Die Burg thront über dem Städtchen. Von oben hat man einen schönen Blick auf die Mosel. Jeden Sommer findet im Chateau ein großes Mittelalterfest statt. Geöffnet ist die Burganlage jeweils vom 1. Mai bis 30. September. Mo.-So. plus FE: 10-18 Uhr. Weitere Öffnungszeiten gibt es auch im März, April, Oktober und November 11-17 Uhr

www.chateau-sierck.com.

Beschaulicher Blick auf die Mosel von der Burganlage Sierck-les-Baines nahe Luxemburg.

Die „Burgherrn“: Beatrice Reimeringer und Robert Stypulkowski vom Förderverein der Burg

Jahrhunderts. Bis zum Dreißigjährigen Krieg hielt der Aufschwung an, danach verloren die Stadtbefestigungen und die Burg ihre strategische Bedeutung. 1785 wurde das Moselufer befestigt und die Stadtmauern abgerissen. Das heutige Erscheinungsbild der Burganlage ist vor allem geprägt durch den Erweiterungsbau des bekannten französischen Festungsbaumeister Vauban Ende des 17. Jahrhunderts. Er ließ eine massive Festungsmauer mit Bastionstürmen und Schanzen um die Ruine der Kernburg anlegen. Es entstanden so unter anderem ein Pulverturm sowie etliche Kasematten. Der Schallturm, in dessen Kellergewölbe einst der Kerker untergebracht war, ist mit der Stadtmauer verbunden. Als originales Gebäude ist neben der Backstube noch die Offiziersmesse erhalten.

Im Museum sind unter anderem zahlreiche Ritterrüstungen, Waffen sowie Karten der damaligen Zeit zu entdecken. Auf dem Plateau der Burg sind heute noch der Stumpf des Bergfrieds und die Außenwand des Rittersaals zu erkennen. Auf alten Karten lässt sich feststellen, dass die Häuser die Stadtmauer bildeten und im Erdgeschoss keine Eingänge zur Mosel hinauswiesen. Jeweils im Sommer findet ein großes Mittelalterfest statt, das viele Besucher des Dreiländerecks anlockt. Auch der Denkmaltag des regionalen Erbes wird jährlich zelebriert. „Wir sollten das erhalten, was unsere Ahnen uns gegeben haben", betont Beatrice Reimeringer. Rund 20.000 Menschen aus dem nahen Luxemburg, dem Saarland und Frankreich besuchen die Festung jährlich, die in kommunalem Eigentum ist - darunter etliche Schulklassen aus der Region. „Es ist wichtig, dass die Schüler etwas über ihre Vergangenheit erfahren. Die Historie ist wichtig, um die Gegenwart zu verstehen. In dieser Region wurde Geschichte geschrieben. Schengen liegt um die Ecke. Hier liegt die Basis der EU. Wir befinden uns auf europäischem Kerngebiet", sagt Vereinschef Robert Stypulkowski.

Seine Kollegin ist im Übrigen nicht nur im Vorstand des Fördervereins aktiv, sie arbeitet auch im Freundeskreis der historischen Altstadt mit. Deren Ziel ist es, den gewachsenen, unter Denkmalschutz stehenden Kern von Sierck-les-Bains zu erhalten. „Da gibt es manchmal schon Probleme mit Anwohnern, die ihr Eigenheim umbauen wollen. Aber das geht eben oft nicht, weil sonst der Blick auf die Burganlage verstellt würde oder Fassaden nicht mehr passend wären. Das will mancher nicht verstehen. Aber unser gemeinsames historisches Erbe sollte doch wichtiger sein als Einzelinteressen von Bürgern", meint die engagierte Frau im Brustton der Überzeugung.

Bedeutendes Heiligtum: Hinweisschild auf das halbovale Amphitheater in Lothringen.

Schauplatz blutiger Gladiatorenkämpfe

- *In den Vogesen wurde dem Heilgott Grannus gehuldigt*
- *Gallo-römisches Amphitheater bot 17.000 Menschen Platz*

Eindrucksvoll liegt es da, das Amphitheater von Grand in den Vogesen. Im 3. Jahrhundert zählte das Bauwerk mit seiner halbovalen Form zu den größten Kultstätten in Gallien. Die elliptische Arena bot rund 17.000 Menschen Platz, war 150 Meter lang und etwa 25 Meter hoch. Pilger verehrten in Grand die gallo-römische Gottheit Apollo Grannus, einen Heil- und Wassergott der Kelten. Während der gallo-römischen Epoche wurde das Dorf Grand - unweit von Neufchateu - von einer rund 1,5 Kilometer langen Mauer umgeben. Die Römer entwickelten rund 70 nach Christus an der Stelle der keltischen Grannus-Verehrung ihr gallo-römisches Heiligtum. Sie schlugen um den Quellteich einen Kreis von 440 Metern und erklärten die Fläche zum heiligen Bezirk. Die Gesamtfläche des heiligen Bezirks betrug etwa 70 Hektar. Hinter der Anlage befanden sich zahlreiche Thermen sowie das Amphitheater. Der zentrale Komplex war in römischer Zeit der Tempel des Apollon. Die elliptische Arena war im Osten und Westen durch zwei große Korridore mit weiteren Gebäuden verbunden. Errichtet wurde das Amphitheater, das zum heiligen Bezirk zählte, im 2. Jahrhundert nach Christus. Die römischen Architekten bauten strikt entlang des Hangs. Die Ränge endeten an einer mit Bögen gestalteten Stützmauer. Drei Stützpfeiler sind bis heute noch erhalten. Auch blutige Spektakel wie Gladiatorenkämpfe fanden in dem römischen Theater statt. Zu den Besuchern von Grand soll Kaiser Caracalla gezählt haben. Während seiner Regierungszeit zu Beginn des 3. Jahrhunderts soll er drei Bezirke des Römischen Reichs aufgesucht haben, die für heilende Gottheiten und quellende Thermen bekannt gewesen waren - darunter auch das Heiligtum von Grand, das in römischer Zeit Andesina genannt wurde.

Konstantin der Große soll auf einer Rückreise von Marseille in den Vogesen ebenfalls Halt gemacht haben, um dem außergewöhnlichen Heiligtum seine Ehre zu erweisen. Als Baumaterial für die

i

Grand liegt in der Nähe von Neufchateau in den Vogesen. Die Anfahrt ist gut ausgeschildert. Öffnungszeiten: 15. März bis 15. November: 10 - 13 Uhr und 14 - 17 Uhr. In der Hauptsaison im Sommer, jeweils halbe Stunde früher und eine Stunde länger, geöffnet.
www.grandlagalloromaine.vosges
Im Nachbardorf Domremy-La-Pucelle befindet sich der Geburtsort von Jeanne d`Arc mit Museum (siehe Kapitel 41).

17.000 Besuchern bot die Arena Platz. Dem Heilgott Grannus wurde hier einst gehuldigt.

Auch Gladiatorenkämpfe fanden in dem Amphitheater in Grand einst statt. Nachträglich wurden Tribünen installiert.

Diese Besucherin hatte berühmte Vorgänger. Unter anderem Kaiser Caracalla und Konstantin der Große besuchten Grand.

großzügige Anlage benutzte man große, massive Steinblöcke. Bereits im 4. Jahrhundert wurde das Theater jedoch aufgegeben. Es blieben nur noch Teile der Mantelmauern und Arkaden erhalten. Die Menschen nutzten die Kalksteinblöcke letztlich, um Häuser für ihr Dorf zu bauen. Ein Benediktiner-Mönch hatte Mitte des 18. Jahrhundert in seinen Schriften auf die in die Erde gelassene Anlage aufmerksam gemacht. Bereits 1820 begannen erste Ausgrabungsarbeiten. 1883 entdeckte ein elsässischer Archäologe in der Basilika ein 232 Quadratmeter umfassendes Mosaik, das als eines der größten seiner Zeit in Europa galt. Ende der 1960er-Jahre fand man bei Ausgrabungen Tierkreiszeichen-Tafeln aus Elfenbein, die auf einen orientalischen Einfluss hindeuten, der sich gegen Ende des zweiten Jahrhunderts in Gallien ausbreitete. Bis zu den 1980er-Jahren wurden bei der Freilegung der historischen Stätte mehr als 55.000 Kubikmeter Erde entfernt. Rund 600.000 Schubkarrenladungen Erde waren dafür bei den Sanierungsarbeiten an dem Amphitheater in Lothringen nötig, heißt es. Später wurden die Zuschauertribünen hinzugefügt, um hier Veranstaltungen in der Region südwestlich von Nancy durchzuführen. Zuweilen wieder finden hier Konzerte statt. Wegen archäologischer Arbeiten ist die Stätte auch immer mal wieder gesperrt.

Der Accordéo-Jazz-Automat aus den Vogesen brachte auch Pariser Salons zum Swingen.

Vogesen-Swing für Pariser Salons

- *Mirecourt war Zentrum für Orchestrion- und Drehorgelbau in Frankreich*
- *Imitation eines kompletten Orchesters*
- *Mit der Juke Box endete ihre Ära*

Mirecourt im Département Vosges ist so etwas wie die heimliche französische Hauptstadt des Drehorgelbaus. Der Instrumentenbau hat südlich von Nancy eine lange Tradition. Schon seit dem 17. Jahrhundert werden hier Geigen, Celli oder Bratschen von höchster Qualität produziert. Aber nicht nur der Violinenbau, auch die Produktion mechanischer Musikinstrumente kann auf eine lange Historie in Mirecourt verweisen. Seine Blütezeit hatte das Orchestrion, ein selbstspielender Musikautomat, in der Mitte des 19. Jahrhunderts. Es kann nahezu ein komplettes Orchester imitieren und ging einst aus einer eher simplen Spieluhr hervor. Das Konzertorchestrion war für die Salons der Hautevolee und die Hallen großer Hotels konzipiert und spielte meist Musik wie Beethoven-Symphonien, Opern-Ouvertüren oder Märsche und Tanzmusik. Zuweilen stand es auch in Gasthäusern. Nach dem Zweiten Weltkrieg war deren Geschichte jedoch zu Ende. Die musikspielenden Trums setzten Patina an und wurden durch die modernere Juke Box ersetzt. Meist mittels atmosphärischer Luft und Unterdruck wurde die Membran der pneumatischen Instrumente jeweils aktiviert.

Eine beeindruckende Sammlung mechanischer Musikautomaten und von Drehorgeln ist im „Maison de la musique mécanique" in Mirecourt zu sehen. Zwei Jahrhunderte mechanischer Musik – von der Spieldose bis zum selbstspielenden Orchester – werden hier eindrucksvoll dokumentiert. „Die meisten unserer Besucher kommen aus der Region. Wir haben aber auch viele Gäste aus Belgien, Luxemburg, Holland oder Deutschland", weiß Museumsführerin Lauence Louviot. Besonders stolz ist sie auf die sogenannte Serinette, auch Vogelorgel genannt. Die kleine Hand-Drehorgel wurde ursprünglich zum Abrichten von in Käfigen gehaltenen Singvögeln verwendet – speziell der Finkenarten Girlitz und Zeisig (frz. Scrin, daher auch der Name Serinette). „Sie wurde von berühmten lokalen Orgelbauern wie Besnard, Bourdot oder Gavot in Mirecourt produziert. Vor allem am Hof von König Stanislas in Nancy war sie

i

Das „Maison de la musique mécanique" befindet sich 24, rue Chanzy in Mirecourt. Im Haus ist auch ein Museum für Klöppeln untergebracht. Den Ort erreicht man über die D166. Öffnungszeiten: Februar – Oktober: Di. – Sa. 10 – 12 und 14 – 18 Uhr, So. 14 – 18 Uhr, November und Dezember Mi., Sa., So. 14 – 18 Uhr. Das Museum ist auf Französisch und Englisch konzipiert.
www.musique-mecanique-mirecourt.fr.

Die Orgel „Limonaire" aus der Orgelbau-Hochburg Mirecourt zählte zu den beliebtesten Exemplaren seiner Zeit.

sehr beliebt. Sie wurde so populär, dass sie im 19. Jahrhundert in Pariser Warenhäuser verkauft und ein gängiges Kinderspielzug wurde", berichtet die Lothringerin. Eine typische Serinette enthält in einem Holzkasten zehn Pfeifen aus Holz oder Metall, die eine im Vogelgesang entsprechende Tonhöhe wiedergibt. Der Ablauf der Melodien wird auf einer Walze mittels Stiften aufgebracht, die wiederum Ventile an den einzelnen Pfeifen öffnen oder schließen. Gleichzeitig wird mit der Handkurbel, welche die Walze in Bewegung bringt, ein Blasebalg betätigt, der die nötige Luft erzeugt. Sie wurde in zwei Modellen – der Marline und der Perroquette – produziert.

Im 19. Jahrhundert war die Serinette häufig in bürgerlichen Salons als Unterhaltungsinstrument anzutreffen oder wurde als Kinderspielzeug genutzt. Später verloren die Serinette wie auch andere mechanische Musikautomaten ihre Bedeutung. „Die Herstellung der Musikautomaten in Mirecourt begann etwa um 1740. Zur Zeit der Industriellen Revolution und der Mechanisierung arbeiteten hier einige Hundert Menschen in der Branche, die nach 1945 zu Ende ging. Aber zweihundert Jahre war der Ort die Kapitale des Orchestrion-Baus", weiß die Museumsführerin.

Museumsführerin Laurence Louviot mit einer Poirot-Orgel aus dem Jahr 1877.

Zu den prominentesten Orgelbauern in den Vogesen zählte die Poirot-Familie, die unter anderem zahlreiche Orgeln für Kirchen bauten und über vier Generationen zu den Marktführern zählte. „Die Drehorgeln mit Lochkarte und Pneumatik wurden bis nach Chile, Argentinien oder Kuba ausgeliefert. Das Orchestrion Accordéo-Jazz war in Pariser Piano-Bars und Cafés in Flandern äußerst beliebt", berichtet Laurence Louviot über die längst untergegangene Epoche der Automaten in der Ära des Orient-Express oder der Ozean-Riesen.

Stühle gibt es im Lager naturgemäß nicht zu knapp.

Ein Stuhl für den König

- *In Liffol-le-Grand werden Stühle im High-End-Bereich produziert*
- *Scheichs und Wohlhabende zählen zum Kundenstamm*
- *Älteste französische Manufaktur in den Vogesen*

Was haben das Hotel des Champs-Élysees in Paris, der Salon de The Laduree in Tokio oder der Musik-Salon des marokkanischen Königs gemeinsam? Sie alle haben ihr Mobiliar aus Liffol-le-Grand. Genauer: von der Manufaktur Henryot & Cie. Seit 1867 werden in dem Vogesen-Örtchen Tische, Sessel und vor allem Stühle produziert. Und zwar ausschließlich im High-End-Bereich. Henryot ist die älteste noch existierende Manufaktur ihrer Art in Frankreich. Schon vom Ortsschild grüßt Liffol-le-Grand mit dem Slogan Hauptstadt der Sitz- und Stilmöbel. Denn neben Henryot & Cie. gibt es noch etliche weitere Kunsttischlereien, die zu den Größen der Branche zählen in dem lothringischen Städtchen. Hier werden in traditioneller Art Stilmöbel aus edlem Massivholz, Kirschbaum, Nussbaum oder Eiche hergestellt. Der Holzreichtum der Vogesenwälder macht es möglich.

„Das hier sind Stühle für den König von Marokko, die gerade bearbeitet werden", sagt François Maleval und deutet auf die Polsterer, welche dafür sorgen, dass die royalen Gesäße sanft gebettet werden. „Und schauen Sie hier, das Emblem. Es wurde alles vergoldet. Das ist reine Maßarbeit. Der Abgesandte des Königs wollte das genau so haben", erklärt Maleval, während er durch die Werkstatt, die hier Atelier heißt, schreitet. Weiter hinten im Lager sieht man 60 eingeschweißte Stühle, ganz in Blau, die demnächst in den Maghreb verschifft werden. Den König von Marokko wird es freuen. Zahlreiche gekrönte Häupter vertrauen auf die Qualität aus dem Hause Henryot. „Erst kürzlich war der Prinz von Thailand bei uns zu Gast, der uns ebenfalls beauftragt hat", erklärt der Designer, dem der Enthusiasmus für seine Produkte durchaus anzumerken ist.

Neben gekrönten Häuptern aus aller Welt gebe es viele Anfragen aus arabischen Ländern. Vor dem Krieg in der Ukraine zählten auch reiche Russen zur Kundschaft. In erster Linie produziere man jedoch für Frankreich und den euro-

i

Liffol-le-Grand liegt südlich von Neufchateau. Das Museum von Henryot & Cie. (23, rue du Gue) hat ganzjährig von Montag bis Freitag von 10 – 12 Uhr sowie von 14 – 17 Uhr geöffnet. Gruppenanmeldung möglich. Im Showroom gibt es auch Einzelstücke zu erwerben.
Infos im Internet:
www.henryot-cie.fr

Tradition und Moderne: Apple-Computer integriert in das edle Holz des Sekretärs.

Polstern für den König: die Stühle werden für den König von Marokko hergestellt.

päischen Markt. Aus Deutschland Hält sich die Nachfrage dagegen in Grenzen. Woran das liegt? François Maleval zuckt die Schultern. Möglicherweise sei der verschnörkelte Stil nicht der Geschmack der Deutschen, die wohl eher modernes und nüchternes Design favorisieren, vermutet er. Wer sich jedoch gerne auf Historisches setzt, der kann sich auf Stühle á la Louis Philippe, Louis XIV, Napoleon, Restauration oder Empire setzen. Die Liebe von François Maleval gilt jedoch eher den Epochen des Art Deco und des Jugendstils. Er verweist auf etliche Exemplare im hauseigenen Museum. Aber natürlich versuche man Tradition und Moderne jederzeit miteinander zu kombinieren. Der Designer, der sich selbst Stylist nennt, geht zu einem altertümlich wirkenden Schreibtisch. Schon fährt aus dem Inneren des edlen Gehölzes ein Computer der Marke Apple wie aus dem Nichts nach oben. „Wir setzen auf Qualität und Handarbeit. Aber wir verschließen uns natürlich modernen Medien und Ausdrucksformen nicht. Das ist hier ist Teil dieser Transformation", meint der junge Mann.

Überhaupt, wer sich für das Material Holz, Design und seine Spielarten interessiert, der kommt aus dem Staunen nicht so schnell heraus. Im Museum und Showroom sind Sitzgelegenheiten etlicher Epochen zu entdecken, darunter naturgemäß manch unkonventionelles Stück. Ein Stuhl, der am Absatz das Schuhwerk der Tracht eines Lothringer Bauernmädchens darstellt oder ein weißer Pracht-Sessel mit iPod-Funktion, der für rund 26.000 Euro zu haben ist. Rund 70 Menschen arbeiten bei Henryot & Cie. Zahlreiche Gewerke - ob Tischler, Näherinnen, Zimmermänner, Lackierer, Polsterer, etc. Stolz ist man, dass man zwei der besten Kunsttischler in ganz Frankreich in dem Vogesen-Ort bei Neufchateau beschäftigt. „Es geht um das alte Wissen. Handwerkskunst ist die Basis von allem. Dann kommen unsere Designer ins Spiel, welche die Aufträge unserer Kunden übersetzen", erklärt Maleval, der in Paris studiert hat. In jedem Falle scheint er jeden der Mitarbeiter gut zu kennen. Mit jedem hält er einen kleinen Plausch und erklärt die Schritte, die nötig sind, um einen Stuhl in höchster Qualität zu produzieren. „So ein Stuhl, der ist fast für die Ewigkeit. Das ist keine textile Mode, die ein Jahr später wieder Geschichte ist. Die verschiedenen Kunstepochen, Architektur, das Material Holz. Wir arbeiten mit Designern wie Philippe Starck zusammen. Für mich ist das ein Quell der Inspiration", meint er, während er durch die Werkstatt schreitet, wo an allen Ecken und Enden gedreht, geschnitzt oder lackiert wird. Auch wenn Liffol-le-Grand als holzverarbeitende Gemeinde insgesamt sicher schon bessere Zeiten gesehen hat, den Edel-Manufakturen wird die Arbeit wohl so schnell nicht ausgehen. Restaurants, Hotels oder Privatgemächer in Dubai, London oder Paris wollen schließlich eingerichtet werden.

Das Schicksal der Schlachtenlenkerin aus den Vogesen beeindruckt die Menschen noch heute.

Jeanne d'Arc – Nationale Ikone Frankreichs

- *Auf den Spuren des Bauernmädchens aus Lothringen*
- *Märtyrerin und Schlachtenlenkerin*
- *Geburtshaus liegt in den Vogesen*

Still liegt es da – eingebettet in idyllischer Landschaft, zwischen weiten Feldern: das Geburtshaus von Jeanne d` Arc. In ihrem Geburtsort Domremy-la-Pucelle im Département Vogesen ist der französischen Nationalheldin ein Museum gewidmet, das akribisch den Werdegang der Jungfrau von Orleans nachskizziert: von der erfolgreichen Schlachtenlenkerin zum Opfer auf dem Scheiterhaufen sowie deren nachträglich Rehabilitierung und Heiligsprechung. Rund 30.000 Interessierte besuchen das Museum pro Jahr, das der am 6. Januar 1412 geborenen jungen Frau gewidmet ist, die gerade mal 19 Jahre alt wurde. Während des 100-jährigen Kriegs hatte Jeanne d' Arc als Heerführerin die Franzosen gegen die Engländer und Burgunder in die Schlacht geführt.

Ein Bauernmädchen aus Lothringen, das sich wie ein Mann kleidete, völlig unbedarft in Kriegsführung, zudem von niederem Stand. Einzig und allein ihre Vision, Frankreich von der Herrschaft der Engländer zu befreien und ihre Überzeugungskraft hatten dies möglich gemacht. Christus habe sich ihr offenbart, dass ihr diese Lebensaufgabe zuteil fiele. Nach einer Audienz am französischen Hof, zu der sie man völlig überraschend zugelassen hatte, ließ man sie kurioserweise aus nackter Verzweiflung gewähren. Sie eilte zunächst von Sieg zu Sieg. Später verließ sie das Schlachtenglück. Durch Verrat wurde sie schließlich an die Engländer verkauft. In einem umstrittenen Kirchenprozess wurde sie letztlich an den Pranger gestellt. Einziges Ziel war es, Jeanne d'Arc zum Tode zu verurteilen, falls sie nicht von ihrer göttlichen Vision abließe. Am Ende wurde sie wegen Ketzerei auf dem Scheiterhaufen in Rouen verbrannt, aber bereits 1456 zur Märtyrerin erklärt und 1920 gar heiliggesprochen.

Das Museum (Geburtshaus, Center Johannique) befindet sich in Domremy-la-Pucelle, 2 Rue de la Basilique. Das Dorf liegt nördlich von Neufchateau, unweit der A31.
www. maisonjeannedarc.vosges.fr
Das Museum hat vom 1. Februar bis 15. Dezember geöffnet. Februar bis März/Oktober bis Dezember 10 -13 Uhr und 14 - 17 Uhr (außer Di.), April bis Juni/September 9.30 - 13 Uhr und 14 - 18 Uhr (außer Di.)
Juli und August täglich von 10 - 18 Uhr.

Frömmigkeit oder religiöser Wahn? Längst wurde die Jungfrau von Orleans von der Kirche rehabilitiert.

Geburtshaus von Jeanne d`Arc in Domremy-la-Pucelle – Nationalheilige Frankreichs.

Ein Gedenkteller der Fayencerie Saargemünd, der an die Freiheitsheldin erinnert.

Die erstaunliche Vita der Lothringerin, welche die Geschichte des Landes nachdrücklich veränderte, wird in dem modernen Museumsbau hervorragend nachskizziert. Insbesondere ihre Standhaftigkeit, aber auch ihre religiöse Vision während des zweifelhaften Prozesses wird intensiv beleuchtet. Beeindruckend auch das Geburtshaus, das durch seine Schlichtheit fast schon postmoderne Züge aufweist. Im angegliederten Museum versetzt ein szenisch bestens gemachter Film den Betrachter in die Zeit des 15. Jahrhunderts zurück, die höfische Musik, komponiert von André Voltz unterstützt dies nachdrücklich.

Im Museum sind zahlreiche Dokumente und Karten jener Zeit nachgebildet. Neben etlichen Skulpturen gibt es eigens ein Schauspiel mit mechanischen Puppen in Ritter- und Adelskostümen. Das Museum in Domremy liegt zwischen Nancy und Vittel. Auch in Rouen gibt es eine Gedenkstätte der Nationalheldin aus den Vogesen, deren Mythos von französischen Politikern aller Couleur gerne instrumentalisiert wird. In vielen weiteren Städten Frankreichs, unter anderem in Nancy unweit des Places Stanislas stehen weitere Monumente für die französische Ikone.

Beliebt bei Wanderern: die Routen auf dem Hoheneck mit seinem subalpinen Charakter.

Die Auberge am Fuße des Hohnecks. Hier wird elsässische und lothringische Kost angeboten.

Picknick mit dem Vogesen-Rind

- *Hoch oben auf dem Hohneck*
- *Dritthöchster Vogesen-Berg mit subalpinem Charakter*
- *Im Grenzgebiet von Lothringen und Elsass*

Es ist ein herrlicher Flecken Erde und zugleich der dritthöchste der Berg der Vogesen. Die Rede ist vom Le Hohneck (1363 Meter) östlich von Gérardmer. Vor allem aber zeigt das Gebirge bereits subalpinen Charakter auf, seine Felshänge übersteigen die für ein Mittelgebirge übliche Dimension. Der Ausblick ist entsprechend beeindruckend und das Plateau ist gesäumt von starken Abbruchkanten. Den höchsten mit dem Auto erreichbaren Punkt der Vogesen erreicht man vom Osten über die D417 durch das quirlige Touristenstädtchen Munster (bekannt für seinen aromatischen Vogesen-Käse). Etliche Haarnadelkurven durchfährt man auf der pittoresken Vogesenkammstraße, die am Ende ein Stück der Route de Cretes (D430) entlangführt. Kurz bevor man den Touristen-Parkplatz bei der Auberge du Pied Hohneck ansteuert, gibt es rechterhand eine Plattform mit herrlichem Blick auf den Lac de Longemer, die Handy-Kameras sind dort schnell gezückt. Dahinter befindet sich der beliebte Touristenort Gérardmer mit seinem beschaulichen See.

Der Le Hohneck befindet sich bereits auf lothringischem Terrain im Département Vogesen. Die Auberge unweit des Parkplatzes hat die Postleitzahl von La Bresse, einem vor allem im Winter beliebten Ski-Ort in Grand Est. In der Auberge werden Vogesen-Salat, Entrecote Lorraine oder Munster-Käse gereicht, aber wir wollen vom Fuße des Hohnecks hinauf zur Spitze des Hohnecks. Von der asphaltierten Straße hinter der Auberge geht rechts ein Weg ab, quer durch die Wiesen hinauf auf die Spitze (850 Meter, rund 15 Minuten Fußmarsch). Man kann aber auch mit dem Auto den asphaltierten Weg nehmen. Nach zehn Minuten Fußweg machen wir Halt und genießen auf dem Plateau den spektakulären Ausblick auf den Lac de Schiessrothried und die sich entfaltende Landschaft im Naturpark Ballons des Vosges. Von dort gehen wir statt nach links zum Hohneck zunächst einmal nach rechts Richtung Kastelberg zum Spitzkoepfe entlang der Abbruchkante und seinen grünen Höhenzügen. Auch hier – ein wunderschöner Ausblick. Wir nehmen nun den Weg retour zur Spitze des Hohnecks und sind nach einem Spaziergang von etwa

i

Le Hohneck Vogesen, Auberge du Pied Hohneck
Route des Crêtes – La Bresse (am Fuße des Berges), Hotel Restaurant Sommet du Hohneck
1 Route des Crêtes, 88400 Gérardmer (an der Spitze des Berges). Le Hohneck erreicht man über die D417 oder die D430 (Route des Cretes).

Schöner Ausblick auf den Lac du Schiessrothried im Naturpark Ballons des Vosges.

25 Minuten auf dem Hohneck angekommen. Hier befindet sich ebenfalls ein Restaurant (Hotel Sommet du Hohneck) mit schöner Außenterrasse und lothringischer wie elsässischer Kost – von Quiche Lorraine bis Baeckeoffe.

Direkt hinter dem Hotel beginnt die imaginäre Grenze von Lothringen (Vosges) zum Elsass (Haut-Rhin). Natürlich hat man auch hier einen wunderschönen Ausblick. Kurios: Das vom Aussterben bedrohte Vogesenrind tummelt sich ganz entspannt zwischen Besuchergruppen. Manch einer macht Picknick zwischen den stoisch blickenden schwarzweiß gefleckten Kühen. Von der höchsten Plattform des Hohneck bietet sich nun ein rund zwei Kilometer langer Spaziergang zur Ferme Auberge du Schiessroth an, die etwas unterhalb liegt und die man von der Plattform erblickt. Die Wege sind vorgegeben, verfehlen kann man hier nichts. Rund 25 Minuten benötigt man für dem gut zu laufenden Pfad zwischen Hochweiden und Fels. Für den Rückweg, es geht schließlich bergauf, sollte man einige Minuten mehr einplanen.

Picknicken auf dem Le Hohneck in den Vogesen, ganz entspannt beäugt vom friedlich käuenden Vogesenrind.

Selbstredend steht auch in dem Bergbauernhof Hausmannskost für den Wanderer bereit. Von 1904 bis 1940 wurde im Übrigen eine Berg-Bahnlinie von Gérardmer über Schlucht bis Hohneck betrieben. Davon ist heute freilich nichts mehr zu sehen, dafür umso mehr grandiose Landschaft, die in der Region zwischen Lothringen und dem Elsass einen kleinen Hauch von alpiner Schweiz verbreitet. Es sind dort etliche weitere Wanderwege ausgeschildert, auch längere Touren (beispielsweise zum Markstein, 4h 10 Min). Als Punkte zum Übernachten bieten sich die touristischen Orte Gérardmer, La Bresse Munster oder das elsässische Albert-Schweitzer-Städtchen Kaysersberg an.

Meister des Geigenbaus: Alain Carbonare aus Mirecourt arbeitete unter anderem für Yehudi Menuhin, Rostropowitsch oder Céline Dion.

Meister des Geigenbaus

- *In Lothringen werden seit über 300 Jahren Violinen hergestellt*
- *Einst wurden hier Paganinis Stradivaris restauriert*
- *Heute lässt Eric Clapton hier seine Gitarren bauen*

Alain Carbonare streichelt zärtlich über seine Violine. Rund ein Monat hat der Geigenbauer benötigt, um das neueste Instrument in seiner Werkstatt herzustellen. „Da steckt ganz viel Herzblut drin. Wenn der erste Ton erklingt, ist das für mich wie eine Geburt", meint der 64-Jährige mit dem jungenhaften Gesicht verschmitzt. Mehr als 500 solcher Geburten hat der passionierte Handwerker bisher erlebt. Er arbeitete für renommierte Künstler wie Yehudi Menuhin, den russischen Meister-Cellisten Rostropowitsch oder für die Band von Céline Dion. Vorwiegend an Orchester und Einzelkünstler in Japan, USA, Deutschland und Frankreich werden seine Instrumente verschickt. Alain Carbonare ist einer von mehreren Violin-Herstellern in Mirecourt, südlich von Nancy. Der Instrumentenbau in den Vogesen geht hier auf das 17. Jahrhundert zurück. Einst wurden hier Stradivaris für Paganini restauriert. Heutzutage schwören auch Rock-Musiker wie Eric Clapton auf die Handwerkskunst aus Lothringen.

Für Alain Carbonare ist sein Beruf weit mehr als ein reiner Broterwerb. Er liebt seine filigrane Tätigkeit und freut sich über das Lob, das ihm aus aller Welt zuteil wird. Vor einiger Zeit flog er eigens nach Las Vegas, um dem Violinisten der Band des franko-kanadischen Superstars Céline Dion sechs Violinen und Violincelli zu überreichen. Ganz besonders stolz ist der Mann, der ursprünglich aus Montébeliard in der Franche-Comté stammt, darüber, dass er eine Violine für den mittlerweile verstorbenen Geigen-Virtuosen Yehudi Menuhin bauen durfte. „Das war das Größte für mich. Ich habe ihn als junger Mann einmal spielen sehen und war völlig begeistert. Dass ich ihm viele Jahre später eine Violine bauen durfte, war ein großartiger Moment", meint der sympathische „Maitre luthier", während er durch sein Reich im Ortskern von Mirecourt führt.

Von außen hält man kaum für möglich, was sich im Inneren des Hauses mit der leicht angejahrten Fassade so alles abspielt. Carbonare führt in seinen Hof mit anliegender Scheune. Hier lagert der Rohstoff für seine Werkstatt: ganze

i

Mirecourt liegt zwischen Nancy und Epinal. In dem 6.000-Einwohner-Städtchen im Département Vogesen gibt es zwei Museen zum Thema. Einmal das Geigenbau-Museum (Musée de la Lutherie francaise) sowie das Museum für mechanische Musikinstrumente (Maison de la musique méchanique).

www.ville-mircourt.fr

Einen Monat benötigt der Kunsthandwerker aus den Vogesen für den Bau einer Violine.

Wohnzimmer statt Werkstatt: Hier fertigt der Lothringer seine Instrumente aus Ahorn oder Tanne aus dem Jura an.

Stämme Hunderte Jahre alter Ahorn- und Tannenbäume. Diese lässt der Meister im französischen Jura-Gebirge schlagen. „Jeder Einzelne ist von mir ausgesucht und für gut befunden worden", wie er versichert. Den genauen Ort will der 64-Jährige allerdings nicht preisgeben. Schließlich sind die Hölzer, aus denen die Bratschen oder Celli verarbeitet werden, sein Kapital. Beim Fällen des Baumes richtet er sich strikt nach dem Mondkalender. Mit Esoterik habe das jedoch nichts zu tun, sondern mit reiner Logik, wie er betont. Mehr möchte er dazu aber lieber nicht sagen.

Gesprächiger wird er bei einem anderen Thema, das ihn seiner Ansicht nach zu einem der erfolgreichsten Geigenbauer der Region gemacht hat. Vor etlichen Jahren kaufte er das Haus des berühmtesten französischen „Luthiers", Jean-Baptiste Vuillaume, in Mirecourt. Das Haus des Meisters, der mit Paganini befreundet war, sollte abgerissen werden. Ob mit Hintergedanken oder nicht – Carbonare schlug zu und rettete das Anwesen. Und dort fand er einen Schatz, der für ihn einen unermesslichen Wert beinhaltete. „Ich habe die Original-Aufzeichnungen des Geigenbaus von Vuillaume gefunden. Mehr Glück kann man auf dieser Welt nicht haben. Auch heute halte ich mich noch punktgenau an diese Anweisungen. Dadurch gelingt es mir, die neuesten Violinen wie die der alten Meister klingen zu lassen", meint der Mann mit den italienischen Wurzeln und freut sich auch heute noch diebisch über seinen Coup. Mit großer Passion setzt er sich immer wieder aufs Neue an seinen Werktisch, den er in seinem mit historischen Möbeln ausstaffierten Wohnzimmer untergebracht hat.

Fast 100 Werkzeuge benutzt er, um nach gut einem Monat eine Geige zum klingen zu bringen. Bei einem Cello verdoppelt sich in etwa die Arbeitszeit. „Es ist jedes Mal wieder etwas Neues. Jede Geige klingt anders. Es ist immer wieder etwas ganz Besonderes und dafür muss man sehr präzise arbeiten", erklärt der Mann, der von Hause aus Klavier spielt, und seit gut 40 Jahren seinem Kunsthandwerk nachgeht. „Unsere Familie hat immer mit Holz gearbeitet. Ich komme aus einem Hause von Kunstschreinern. Mein Vater und Großvater haben wertvolle Möbel hergestellt. Wir hatten auch Musiker in der Familie. Ich bin jedoch der Erste, der sich beidem widmet." Und wenn Carbonare, der sich zur Hälfte als Handwerker und zur Hälfte als Künstler sieht, etwas Zeit bleibt, dann restauriert er alte Violinen. Denn Sammler historischer Instrumente ist der Lothringer nämlich auch. „Das ist einfach mein Leben. Ich liebe das", sagt er vergnügt.

Auf 664 Metern befindet sich die Kapelle, die Papst Leo IX. gewidmet ist.

Panorama-Blick auf Vogesenwälder

- *Kapelle thront auf dem Felsen von Dabo*
- *Einst keltische Kultstätte – dann Schloss*
- *Wandel durch Kriege, Erbschaften und Bündnisse*

Von hier oben hat man einen imposanten Ausblick. 664 Meter über dem Meeresspiegel thront der Felsen von Dabo über den Wäldern der Nordvogesen. Einst war hier eine keltische Kultstätte, danach stand hier ein mittelalterliches Schloss. Dieses wurde Ende des 17.Jahrhunderts auf Befehl von König Ludwig XIV. (dem Sonnenkönig) geschleift. Heute steht auf dem Sandsteinfelsen eine Kapelle, die Papst Leo IX. gewidmet ist. Dessen Mutter kam in der einstigen Felsenburg zur Welt. Im Jahr 1828, auf Drängen des damaligen Dorfpfarrers, wurde die Kapelle schließlich errichtet. Der exponierten Lage hoch droben hielt sie jedoch nur etwas mehr als 70 Jahre stand. Regen und Stürme machten ihr mächtig zu schaffen. 1889 wurde das baufällige Werk abgerissen und durch eine neue Kapelle im romanischen Stil des 11. Jahrhunderts ersetzt. Auf Wunsch des Vogesen-Vereins wurde zudem ein Turm angefügt, der als Aussichtsturm dient. 1892 war es soweit, die Chapelle Saint Léon wurde offiziell eingeweiht. Das Portal zieren die Wappen von Dago (früher Dagsburg) und die des Hl. Leo. Eines der Fenster in der Kapelle ziert zudem das Konterfei des heiliggesprochenen Papstes Leo IX., der auch der Schutzpatron des Vogesen-Örtchens ist.

Der Felsen selbst hat eine Höhe von rund 30 Metern. 62 Stufen, einige davon in den rohen Felsen gehauen, führen auf die rund 80 Meter lange Plattform. Vor der Kapelle stand die erwähnte Burg mit gezahnten Mauern und einer Zisterne. An jeder Ecke befand sich ein Wachturm, im Inneren imposante Gebäude nebst einem Schloss. Die Anlage hat im Laufe der Jahrhunderte viel erlebt. Es handelt sich schließlich um eine militärstrategisch wichtige Lage, in der romanische und germanische Kultur aufeinandertreffen. Infolge von Hochzeiten, Bündnissen und Erbschaften war die Grafschaft nachein-

i

Dabo liegt südlich von Phalsbourg und Saverne. Die Kapelle Saint Léon ist von April bis Oktober täglich 10 – 18 Uhr geöffnet. Ein Parkplatz befindet sich am Fuße des Felsens, der auch für Busse und Wohnmobile geeignet ist. Auch ein WC befindet sich auf den Höhen. Eintritt für Aussichtsturm und Kapelle, Erwachsene: 2 Euro, Kinder: gratis. Gruppenführungen möglich. Natürlich kann man auch einfach nur das Panorama genießen – kostenfrei.

Nebel im Tal. Vom Felsen hat man einen schönen Panoramablick auf die umliegenden Wälder.

Über dem Ort Dabo thront die Kapelle, die 1892 das Vorgängermodell ersetzte.

Schon von weitem ist das Kirchlein auf dem Sandfelsen zu sehen.

ander elsässisch, lothringisch, französisch, deutsch. Auch die Konfessionen wechselten: mal katholisch, mal lutherisch. Zahlreiche Kriege verwüsteten den Ort im europäischen Kernland. Um es neu zu besiedeln, warben die Landesherren Siedler aus Frankreich, Bayern, Tirol und der Schweiz an und verliehen ihnen Forstrechte. Noch heute tragen viele Menschen der Region typische Schweizer Nachnamen. Das Forstrecht stammt aus dem Jahr 1569. Bis heute haben diejenigen Bewohner der Gemeinde, die von den frühen Siedlern abstammen, Sonderrechte. Aus jener Zeit stammt auch das sogenannte „Bürgerholz". Bäume werden verlost und den Nachfahren zur Nutzung zugeteilt. Die Aktion jeweils Anfang November ist mit einem Jahrmarkt im Ort verbunden.

Nach dem Westfälischen Frieden fiel das Elsass an Frankreich. Der Herzog von Leiningen, Besitzer der Dagsburg wollte dies jedoch nicht anerkennen und griff zu den Waffen. Die Felsenburg galt als Hindernis für die französischen Truppen. Nach längerer Belagerung streckte der Herzog dann jedoch die Waffen. Die Folge: Schloss und Burg wurden zerstört. Rund 150 Jahre lang blieb der Sandsteinfelsen unbebaut – ehe die Kapelle respektive der Nachfolgebau für Papst Leo IX. errichtet wurde. Für Ausflügler ist der Fels mit Kapelle heute vor allem ein sehr schöner Aussichtspunkt, nachdem man sich die Serpentinen hoch geschlängelt hat. Und vom Tal aus ist er ein weit sichtbares Monument der nordwestlichen Vogesen.

Schmuckes Ladengeschäft: Es befindet sich in Montdidier ungefähr in der Mitte von Metz und Saverne.

Leidenschaftlicher und erfolgreicher Marmeladenmacher: Régis Kriegel aus Montdidier in Lothringen.

Der freundliche Confiturier

- *Feine Aromen aus dem Pays du Saulnois*
- *Birne-Thymian, Pflaume-Zimt oder Blumenwiese-Aroma?*
- *Marmelade weckt Erinnerungen an die Kindheit*

Régis Kriegel merkt man die Freude an seinem Produkt regelrecht an. Er sprüht geradezu vor Energie. Der Lothringer ist Marmeladenmacher in Montdidier, einem kleinen Ort im Pays du Saulnois (Salzland). Seine hochwertige Marmelade ist schon mehrfach auf nationaler Ebene ausgezeichnet worden. Er ist zudem mit dem Label „Qualité Mosl" zertifiziert, damals als einer der ersten überhaupt. Aber das treibt den 51-Jährigen nicht an. Der Gründer von „La corbeille lorraine" möchte ganz einfach eine schmackhafte Konfitüre kreieren, welche die Menschen gerne auf ihrem Frühstückstisch stehen haben. Bekanntlich gehören beim französischen Nachbarn Baguette, Kaffee, möglicherweise noch ein Croissant an den eher spartanisch gedeckten Frühstückstisch. Marmelade fehlt in den seltensten Fällen. Und eben da kommt Régis Kriegel ins Spiel. Sein Geheimrezept? „Das ist eigentlich ganz schlicht. Wir haben in unserem Obstgarten hier in Lothringen eine hervorragende Qualität. Die Beschaffenheit der Früchte ist das A und O. Sie müssen eine gewisse Reife haben. Dann werden sie morgens frisch gepflückt und sofort gekocht. Das ist das mit Abstand beste Rezept", sagt der Mann und strahlt.

Von Mai bis Oktober läuft die Apfelernte in der Region, die ziemlich genau in der Mitte von Metz und Saverne liegt. Rund zehn Tonnen Früchte verarbeitet er pro Jahr. „Bei der Ernte packt die ganze Familie mit an. Meine Frau Christine ebenso wie meine erwachsenen Kinder. Natürlich backt meine Frau dann nahezu jeden Tag einen Mirabellenkuchen", gesteht Kriegel schmunzelnd. Lothringen und die Mirabelle ist eben eine unzertrennliche Liebesgeschichte. Die Marmelade mit dem gelben Steinobst zählt auch zu den Favoriten seiner Kunden, die in seinem schmucken Ladengeschäft die Qual der Wahl zwischen vielen Geschmacksrichtungen haben. Bei den Kriegels wird noch von Hand gearbeitet, eine Rüttelmaschine, wie sie oft eingesetzt wird, sucht man hier vergebens. „Wenn die Mirabellen auf den Boden fallen, ist das nicht gut. Wir wollen sie ohne Dellen, süß und leicht säuerlich – so sind sie perfekt",

La Corbeille Lorraine befindet sich in der Hauptstraße des kleinen Dorfes Montdidier (15b rue principale). Der Ort liegt westlich von Sarre-Union.
✆ 00 33/3 87 01 45 86
www.corbeille-lorraine.fr
Werktags jeweils von 8.30 – 12 Uhr und 13.30 – 17 Uhr geöffnet.

Auch Sirup gehört zum prämierten Portfolio von „La corbeille lorraine".

Alte Obstsorten wie die Quetsche de Létricourt liegen dem 53-Jährigen besonders am Herzen.

sagt der Lothringer, der die Produktion vor etwas mehr als 20 Jahren ins Leben rief. Zuvor war er Berufsschullehrer für Agrarwissenschaft an einer Landwirtschaftsschule.

Das Verhältnis zwischen Frucht und Zucker beträgt in der Regel zwei Drittel zu einem Drittel. „Wir arbeiten ganz ohne Gelier- und Konservierungsstoffe. Es ist einfach ein rundherum natürliches Produkt", fügt er hinzu. Vieles stammt aus dem mehr als zwei Hektar großen Obstgarten der Familie, die weiteren Früchte erhalten sie von Bauern aus dem Pays du Saulnois und dem nahen Elsass. Sein wichtigstes Werkzeug ist die Entkernungsmaschine. „Dann lässt man die Masse langsam in der Kupferpfanne kochen. Die Konfitüre benötigt etwa zwei Stunden bei 80 bis 90 Grad. Man lässt es ganz allmählich vor sich hin köcheln. Wann es fertig ist, hat man im Gefühlt", sagt der Agrar-Experte, der den Schritt vom Lehramt ins kulinarische Handwerk nie bereut hat.

Wie sich die Corona-Pandemie auf sein Geschäft ausgewirkt hatte? „Nicht ganz so gravierend. Wir haben rund 70 Verkaufsstellen von Metz über Nancy oder Thionville bis nach Luxemburg. Die Feinkostgeschäfte waren, weil sie Lebensmittel führen, ja durchgehend geöffnet. Wir sind da mit einem blauen Auge davongekommen", sagt der sympathische Franzose. Doch kommen wir zu der Vielzahl der Sorten, die Kriegel in seinem Laden mit angeschlossener Manufaktur in dem Winzerdorf im Département Moselle anbietet: unter anderem Quitten, Clementinen, Rhabarber, Himbeere, Johannisbeere, Sauerkirsch. Die Spezialität des Hauses sind Gewürzeinfügungen. Birne-Thymian, Pflaume-Zimt, Erdbeer-Minze oder Birne-Vanille. „Die fein balancierten Aromen, Kräuter und Gewürze machen letztlich den Unterschied", sagt der Marmeladen-Profi und hält seinen Verkaufsschlager Mirabelle in Händen. Aber er hat auch eher Unkonventionelles im Sortiment. Heu und Blumenwiese-Aroma zum Beispiel. Eine Milchmarmelade, die extra langsam gekocht wird und sich bestens zu Pfannkuchen eignet oder Löwenzahn direkt aus Montdidier.

Besonders am Herzen liegt ihm die Quetsche de Létricourt, eine alte Zwetschgensorte aus Lothringen. Neben Konfitüre, Weingelee und scharf-pikanten Chutney-Saucen gibt es auch Mirabellen-Sirup, Cidre oder Pflaumen-Schnaps sowie Bonbons in diversen Früchtesorten. Sehr beliebt seien die Einweckgläser mit Mirabellen und Kirschen ganz in alter Tradition, wie sie die Bauern der Region einst in ihren Kellern lagerten. „Marmelade weckt Erinnerungen in uns, beispielsweise wie wir im Sommer bei den Großeltern auf dem Land verbrachten. Das waren schöne Momente, die man mit dem Geschmack verbindet. Das versuchen wir mit unserem Obstgarten und unserem Handwerk zu erreichen. Mehr nicht", sagt der freundliche Confiturier und lächelt zufrieden.

Produktionsmanager Antoine Grandjean prüft den Reifegrad des Abteikäses aus Vergaville.

Was schon De Gaulle wusste

- *Die Franzosen und ihre Liebe zum Käse*
- *Abteikäse aus dem Salzland*
- *Fromagerie mit italienischen Einflüssen*

Ob er den leicht ironischen Spruch des einstigen französischen Präsidenten Charles De Gaulle kenne: „Wie wollen sie ein Land regieren, dass 246 Käsesorten hat?", lautet das bekannte Zitat des berühmten Staatsmannes. Die Frage geht an Antoine Grandjean, Produktionsmanager der Abtei-Käserei im lothringischen Vergaville. Der nickt lächelnd. „Na klar. Wer kennt den in Frankreich nicht? Aber der Spruch ist ja auch schon etwas älter. Jetzt sind es wohl schon deutlich mehr Sorten, schätze ich mal", sagt der 31-Jährige. Er muss es wissen. Er ist Produktionschef einer traditionsreichen Fromagerie in der Nähe von Dieuze im Département Moselle – einer der wenigen im Pays du Saulnois (Dt. Salzgau). Das Gros der lothringischen Käsereien befindet sich in den Höhen der Vogesen. Seine Käserei geht auf die Benediktiner-Mönche von Vergaville zurück, die das Kloster im Jahr 966 gründeten. Noch etwa 1910 wurde eine Molkerei in der alten Abtei von mehreren Familien aus der Region betrieben, die sich auf Camembert spezialisiert hatten. 1938 ging der Betrieb an die italienische Einwandererfamilie Maffeis, welche die Produktpalette um Käse aus ihrer Heimat, Mozzarella und Ricotta, erweiterte. „In Lothringen gab es damals viele Minenarbeiter in den Kohle-Bergwerken. Sie wurden eigens aus Italien angeworben. Die wollten natürlich frische Produkte und den Geschmack ihrer Heimat", weiß Antoine Grandjean, während er durch den Betrieb führt.

Seit gut 25 Jahren gehört die „Fromagerie de l' Abbaye" nun zur Käserei Haxaire in Lapoutroie. Die hat sich vornehmlich auf Munsterkäse spezialisiert. Davon werden etwas mehr als 100 Tonnen pro Jahr in Vergaville produziert. Zudem: Neben den erwähnten italienischen Sorten Weichkäse mit verschiedenen Aromen wie Knoblauch, Pinot Gris, Nüssen, Hopfen oder Mirabelle. Das Prunkstück ist der Tomme du Père Antoine, der im Keller zwischen einigen Monaten und drei Jahren reift. Er wird regelmäßig gewendet und gesalzen. „Die Basis für unser Produkt ist die Milch von Holsteiner Kühen. Alle weiteren Ingredienzen erhalten wir von Bauern aus einem Umkreis von 15 Kilometern – allesamt Betriebe aus Lothringen. Wir achten strikt auf Regionalität", erläutert Grandjean, der seinen Ab-

i

Fromagerie de l'Abbaye de Vergaville, Clos de l'Abbaye. Der Ort liegt ungefähr zwischen Nancy und Sarrebourg, unweit von Dieuze. Bei der Produktion gibt es auch einen kleinen Laden. Öffnungszeiten: Mo.–Fr. 8–12 Uhr und 13.45–16.30 Uhr.

Zahlreiche Laibe reifen im Keller der Fromagerie in Vergaville unweit von Dieuze im Département Moselle.

schluss an einer Käsemacher-Schule im Jura gemacht hat – einer von sechs Fachschulen zum Thema Käse in Frankreich.

Die Produkte aus Vergaville sind mit den Labels „La Lorraine – notre Signature" und „Moselle Passion" zertifiziert. Zweimal pro Woche werden rund 25.000 Liter Kuhmilch von den Bauern geliefert. Das Gros der hauseigenen Produktion wird pasteurisiert, es gibt aber auch Rohmilchkäse im Sortiment. Verkauft wird er in Feinkostgeschäften und Supermärkten der Region. Es geht aber auch in die Ferne: nach Kanada, Japan, Israel oder Australien. Die konstante Temperatur im Reifekeller beträgt 11 Grad. Mit sieben Mitarbeitern organisiert der junge Chef den Arbeitsablauf von der Pasteurisierung über die Trennung von der Molke bis zur Reifung. „Das ist ein organischer Prozess, der von vielen Faktoren abhängt, beispielsweise vom Wetter. Außerdem ist das ein ganz traditionelles Handwerk mit einem lebendigen Produkt", sagt der Käse-Profi, der aus Saint-Dié-des-Vosges stammt.

Im Jahr 966 wurde die längst verblichene Benediktiner-Abtei gegründet. Schon die Mönche waren für ihre schmackhaften Käse bekannt.

Die Herstellung in der letzten kleinen Käserei der Region basiere auf uralten Regeln. Das Salzen fördere beispielsweise den Molkeaustritt. Im imposanten Reifekeller habe man ganz bewusst Holz für die Regale genutzt. Denn alles beeinflusse das Aroma, auch das lebendige Material Holz. Grandjean schätzt neben dem eigenen speziell Käse aus dem Jura. „Ein schöner Morbier mit einem feinen Streifen aus Pflanzenasche, das ist schon was Tolles. Ostfrankreich mit Vogesen, Jura und Franche-Comté steht einfach für guten Käse, für Erzeugnisse mit Charakter. Sehr würzig wie der Munster oder eher cremig wie der Mont d'Or", meint er. Ein Segen, dass es in Frankreich so viele Käsesorten gibt.

Blick auf die Eisenbahnersiedlung und die Kirche der Preußen.

Wo einst der Orient-Express Station machte

- *Deutsch-Avricourt sollte den Glanz des Kaiserreichs widerspiegeln*
- *Einstige Grenzstation im annektierten Lothringen*
- *Heute: eine Ruine im Nirgendwo*

Es ist ein klassischer „Lost Place", ein Steinkoloss im Nirgendwo. Die Rede ist vom Bahnhof von Nouvel-Avricourt (früher Deutsch-Avricourt), einem palastartigen Gebäude, welches einst Preußens Glanz und Gloria im annektierten Osten Frankreichs widerspiegeln sollte. Doch das ist längst Geschichte. Wo einst der Orient-Express durchrauschte, herrscht heute Tristesse. Von Unkraut umwuchert, eingeschlagene Fenster – irgendwie mutet der wilhelminische Prunkbau heute eher wie ein Gruselschloss an. Im Innenbereich ist Schutt und Müll abgelagert, Teile der Decke sind eingestürzt und die Wände mit Graffiti besprüht. Das monumentale Bauwerk in der lothringischen Provinz scheint dem Verfall preisgegeben. Doch zur Vorgeschichte: Nach dem Deutsch-Französischen Krieg 1870/71 entstand in dem beschaulichen Landstrich ungefähr in der Mitte von Sarrebourg und Lunéville eine neue Grenze zwischen Frankreich und dem nun deutschen Teil Lothringens. Das Dorf Avricourt wurde geteilt, der Nordteil kam zum deutschen Reichsland. Da der Bahnhof Igney-Avricourt im Südteil und damit in Frankreich lag, wurde auf deutscher Seite ein neuer Grenzbahnhof gebaut.

Im Frankfurter Friedensvertrag von 1871 hatte Frankreich zuvor extra nachverhandelt, um den eigenen Bahnhof im Ort behalten zu dürfen. In Deutsch-Avricourt, rund 1,5 Kilometer vom französischen Bahnhof entfernt, entstand nun ein pompöses Bahnhofsgebäude des deutschen Kaiserreichs. Es kam dabei zu einer leichten Grenzverschiebung zugunsten Frankreichs. Im Gegenzug verpflichtete sich die französische Regierung den neuen Bahnhof mitzufinanzieren. 1875 ging die Strecke schließlich in Betrieb, die als zentrale Zollstation auf der Linie Straßburg-Paris diente. Nur beim bereits erwähnten legendären Oricnt-Express auf der Route Paris-Straßburg-Wien-Konstantinopel (Istanbul) wurde auf aufwendige administrative Kontrollen verzichtet. Hier wurde die Lok gewechselt.

Das Gebäude selbst besteht aus einer monumentalen Haupttreppe, hatte zehn

i

Der Bahnhof liegt in der Rue de Lorraine (D 91) vis-à-vis der Rue du Temple im Dorf Nouvel Avricourt.

Früher Grandezza, heute Lost Place im Nirgendwo zwischen Sarrebourg und Lunéville.

Prunk vergangener Tage: der alte Bahnhof des einstigen Nouvel-Avricourt – im Verfall.

Treppe zum Bahnhofsgebäude, das einst Grenzstation zwischen Deutschland und Frankreich war.

Eingangstüren und zweieinhalb Stockwerke. Im Obergeschoss wohnten der Bahnhofsvorsteher und der Chef der Zollstation. Sämtliche Infotafeln waren ausschließlich in deutscher Sprache verfasst. Betrieben wurde der prachtvolle Bahnhof, der fast so groß wie jener in Metz war, von der Kaiserlichen Generaldirektion der Eisenbahnen in Elsass-Lothringen. In dem Gebäude mit vier Ecktürmen befand sich zudem ein Postamt. Vis-à-vis des Bahnhofs entstand eine Eisenbahnersiedlung für die Bahnbediensteten rund um eine evangelische Kirche (im katholischen Lothringen) und einen Marktflecken. Im Ersten Weltkrieg wurde der Ostflügel der im neoromanischen Stil erbauten Station durch Bomben zerstört. Heute steht nur noch die Hälfte des einst 100 Meter langen Sandstein-Baus.

Nach dem Ersten Weltkrieg kam der Gare de Nouvel-Avricourt 1919 zurück nach Frankreich. Heute befindet sich hier die imaginäre Grenze der Départements Meurthe-et-Moselle und Moselle. 1969 fuhr die letzte Lok, der Bahnhof wurde danach endgültig aufgegeben. Mittlerweile steht der von der Bombardierung verschonte Teil unter Denkmalschutz. Die französische Eisenbahngesellschaft Société nationale des chemins de fer français (SNCF) hatte noch in den 1980er-Jahren geplant, das Passagiergebäude abzureißen. Dagegen hatten Denkmalschützer jedoch erfolgreich protestiert. Das Gebäude wurde einst vom preußischen Architekten Johann Eduard Jacobsthal entworfen, ebenso wie die Hauptbahnhöfe von Metz und Straßburg.

2018 hatte ein lokaler Unternehmer aus Sarrebourg das Bahnhofsgebäude von Nouvel-Avricourt erworben. Geplant sei, so hieß es, die Fassade zu erhalten und aus dem Haus eine Event-Location mit großem Veranstaltungssaal zu machen. Die Kosten für die aufwendige Sanierung werden auf mehrere Millionen Euro geschätzt. So muss unter anderem das Dach komplett erneuert werden. Aufgrund der Corona-Pandemie sind die Pläne des Immobilien-Unternehmers jedoch offensichtlich ins Stocken geraten. Zumal die Preise für Baustoffe in der Zwischenzeit ebenfalls erheblich gestiegen sind. Zuvor gab es etliche Pläne von diversen anderen potenziellen Investoren. Von einem Hotel über ein Eisenbahnmuseum bis zu einer Brauerei oder gar einem Nacht-Club wurde etliches ins Auge gefasst und wieder verworfen. Lediglich als Depot eines Recycling-Unternehmens diente es einige Zeit. Viel tut sich jedenfalls nicht auf dem Areal und so umweht die kaiserliche Station mitsamt ihrer einstigen Grandezza weiterhin die Aura des Verfalls.

Symbolhafte Vase: die Übergabe der Stadtschlüssel von Marsal an den Sonnenkönig Ludwig XIV. als Illustration.

Eine Stadt aus Salz

- *Marsal in Lothringen wurde einst durch das „weiße Gold" reich*
- *Zankapfel der Mächtigen*
- *Ränkespiele zwischen Bistum, Herzog und König*

Ein wenig verloren wirkt er schon, der Landstrich von Marsal, der ungefähr in der Mitte von Nancy und Sarrebourg liegt. Einst galt die Region als äußerst wohlhabend. Der Grund: In Marsal und dem Nachbarort Dieuze wurde Salz, einst auch „weißes Gold" genannt, in großen Mengen gewonnen. Und wer Herr über das Salz war, der hatte die Macht. Denn er legte die Salzsteuer fest. Das „weiße Gold" war damals elementar für die Menschen, denn damit wurden Lebensmittel haltbar gemacht. Ein Grund, warum die Gegend im heutigen Département Moselle seinerzeit immer wieder zum Zankapfel zwischen den Bischöfen von Metz, den Herzögen von Lothringen und den Königen von Frankreich wurde. Noch im 18. Jahrhundert galten die Salinen von Dieuze und Marsal als die größten des gesamten französischen Königreichs. Viele Tausend Menschen arbeiteten unter großen Mühen in der Salzgewinnung. „Salz hatte in früheren Zeiten einen immensen Wert, speziell zur Konservierung von Lebensmitteln. Hinzu kommt seine reinigende Wirkung. Im Mittelalter wurde Salz auch verwendet, um böse Geister zu verjagen", berichtet Delphine Sculier, Direktorin des Musée départemental du Sel in Marsal.

Im vom Militär-Architekten Vauban umgestalteten Porte de France und seinen Nebengebäuden befindet sich das Museum in dem etwas in die Jahre gekommenen Ort mit seinen historischen Gemäuern. Der Grund für den Reichtum der Region liegt etwas mehr als 200 Millionen Jahre zurück. Damals war die Gegend von einem flachen, stark salzhaltigen Meer bedeckt, das sich im Laufe der Zeit zurückzog und verkrustete. Zurück blieben eine Salzschicht sowie unzählige Quellen. Die Salzgewinnung in Marsal ist bereits seit der Eisenzeit dokumentiert. Insbesondere die Methode der „Briquetage de la Seille" wurde hier ausgeübt. Das Wasser der salzhaltigen Quellen wurde zunächst erhitzt, um eine gesättigte Sole zu erhalten. Anschließend füllte man die Salzsole in Gefäße aus gebranntem Ton, die in einem aus gekreuzten Tonstäben gebildeten Gitter fixiert wurden. Die Zwischenräume wurden ebenfalls mit Tonstücken gefüllt, dabei stapelte man die Gitter übereinander. Über einer Feuerstelle wurde das restliche Wasser verdampft. Anschlie-

> Das Musée départemental du Sel befindet sich auf halber Strecke zwischen Nancy und Sarrebourg, Porte de France Marsal, am Ortseingang des Dorfes. Öffnungszeiten: 28. März bis 1. November eines Jahres, Mi.–Mo. 10–18 Uhr www.mosellepassion.fr (musee-du-sel).

Im historischen Gemäuer des Porte de France ist ein Teil des Museums von Marsal untergebracht.

Diverse Techniken der Salzgewinnung sind in dem drei Jahre lang aufwendig restaurierten Museum zu sehen.

ßend wurden die Formen zerbrochen. Heraus kam ein zum Transport geeigneter Salzkuchen. Später förderten die Sieder das salzhaltige Wasser mit Hebemaschinen, um es in großen Pfannen zu erhitzen. Um 1820 wurde eine Bohrtechnik zur optimierten Gewinnung von Salzsole entwickelt.

Neben diversen Techniken und der Ausstellung archäologischer Exponate erfährt man in dem Museum, das mit dem Gütesiegel „musée de france" ausgestattet ist, auch etliches über die Auswirkungen auf die Gesellschaft – über den Zank und die Intrigen, die mit dem wichtigen Rohstoff verbunden war. Die Salinen befanden sich zunächst überwiegend im Besitz von Abteien. Im Laufe der Zeit gingen immer mehr Salinen an die Bischöfe von Metz über, die seit dem 13. Jahrhundert ihren Sitz im nahen Vic-sur-Veille hatten. „Bischöfe und Herzöge waren ewige Rivalen. Sowohl Bistum als auch Herzogtum bezogen einen Großteil ihrer Einkünfte aus der Salzgewinnung. Konflikte waren vorprogrammiert", erzählt Patrick Fremy, der durch die Ausstellungsräume führt.

Im 13. Jahrhundert ließen die Bischöfe von Metz die Befestigungsmauer um das Dorf mit seinem Kloster und den Salinen errichten. 1593 fiel der Ort jedoch an Lothringen, 1663 wurde er von Frankreich und König Ludwig XIV. in Besitz genommen. Ein Jahr zuvor wurde der Herzog von Lothringen durch den Vertrag von Montmartre gezwungen, das Areal an den „Sonnenkönig" abzutreten. „Da der Herzog jedoch zögerte seine Pflichten gegenüber Ludwig XIV. zu erfüllen, griff dieser zu drastischen Maßnahmen und belagerte den Ort", so Fremy weiter. Auch von einem früheren Vertrag zwischen Herzog und Bistum über die lebenslangen Nutzungsrechte zur Salzgewinnung, der zu erheblichen Missstimmungen führte, weiß der 68-Jährige zu berichten. Das Problem: „Der Kontrakt war auf Latein und der Herzog verstand ihn nicht zur Gänze, der Bischof natürlich schon", so Fremy, der aus Senones in den Vogesen stammt.

Der Ort im Saulnois (dt. Salzgau) verdankt schon seinen Namen seinen Salzquellen. In dem Museum erfährt man allerhand über das „weiße Gold", beispielsweise, dass das Lothringer Salz einen Anteil von Natriumchlorid von durchschnittlich 93 Prozent aufweist. Man begibt sich auf die Spur der gallischen Salzsieder und der Eisenzeit. Im Eingangsbereich sieht man Salzkristalle und spezielle Pflanzen (Halophyten), die auf Salzboden wachsen. Neben den Ausbeutungstechniken lässt sich auch Porzellan und Fayencerie mit historischen Motiven begutachten – beispielsweise die idealisierte Schlüsselübergabe von Marsal an König Ludwig XIV. hoch zu Ross, die so jedoch in der Realität nie stattgefunden hat, weiß Fremy. Und nicht zuletzt führt ein Steg rund um das Museum zu den Salzquellen, wo sich heute ein Wäldchen und Wiesen befinden.

André Arnet ist bereits in siebter Generation Müller. Seine Mühle betreibt er in Volmunster bei Bitche.

Eine alte Handwerkskunst

- *Müller in siebter Generation mit Hofladen*
- *Die Kraft kommt aus dem ganzen Korn*
- *Mahlen in den Nordvogesen wie anno dazumal*

„Wir sind die letzten aktiven Müller hier im Schwalbtal. Für mich ist es eine Ehre dieses alte Handwerk zu betreiben", sagt André Arnet nicht ohne Stolz. In Volmunster unweit des bekannten Mühlenmuseums von Eschviller betreibt er die alte Mühle mit seinen Söhnen. Hinzu kommt ein kleiner Hofladen auf dem Anwesen, um den sich seine Frau Marie Thérèse kümmert. Der 68-Jährige ist bereits in siebter Generation Müller. In Volmunster nördlich von Bitche ist die Familie seit 1901 ansässig. „Rund 5.000 Doppelzentner produzieren wir pro Jahr, mehr ist nicht erlaubt", berichtet Arnet. Sein feines Weizenmehl ist begehrt. Große französische Supermarktketten wie Super U oder Le Match von Wissembourg bis Haguenau führen sein Mehl. Auch in der nahen Pfalz und im Saarland sind seine Produkte in einigen Supermärkten vertreten. Einen Großteil kaufen jedoch Kunden vor Ort im Hofladen. Die Familie produziert unter anderem die Sorten Type 405, das klassische Haushaltsmehl für Kuchen, Torten, Rührteig, Mürbeteig, Dampfnudeln oder Weißbrot, Type 550 für Brot, Pizza, Blätterteig, Spätzle, Biscuit, Knödel und Dinkelmehl Type 630 mit einem Ausmahlungsgrad von bis zu 75 Prozent, geeignet für feine Patisserie, Rührteig, Mürbeteig, Brandteig, Pfannkuchen, Strudelteig, Hefegebäck oder Baguette.

Was den Unterschied seines handwerklich gemachten Mehls zu herkömmlichen Industriemehl ausmacht? Da muss der passionierte Müller nicht lange überlegen. „Ich würde sagen unser Mehl hat mehr Kraft, mehr Geschmack, mehr Eiweiß. Wir holen das Mehl aus dem ganzen Korn." Sich selbst sieht er in einer langen Handwerkstradition und fast ein wenig in einer Linie mit den Winzern. Es sei entscheidend, wie der Weizen gemischt, gepresst und wie stark er gemahlen werde, ähnlich wie bei der Verarbeitung von Trauben. Zehn Sorten Mehl von grob bis sehr fein entstehen in der Mühle. Ziel des Mahlvorgangs ist es, die Schale so schonend wie möglich vom Mehlkörper zu trennen. Hierfür durchläuft das Korn verschiedene Walzenstühle, die Mahlmaschinen der Mühle. Dort sorgen Metallwalzen für eine schonende und

i

Le Moulin Arnet, 35 rue du moulin, Volmunster, nördlich von Bitche, Öffnungszeiten Hofladen: Di., Mi., Fr. 8.30 - 12 Uhr und 13.30 - 18 Uhr, Mo. 13.30 - 18 Uhr, Sa. 8.30 - 12 Uhr, donnerstags geschlossen.
✆ 00 33/3 87 96 74 94
www.facebook.com/moulin.arnet

Die Plansichter der Mühle sorgen für das Sieben des Korns.

Teigwaren aus der Nudelküche der Moulin Arnet gibt es im Hofladen.

Das Innenleben der Mühle im Naturpark Nordvogesen, unweit der Schaumühle von Eschviller, die auch einen Besuch wert ist.

gleichmäßige Zerkleinerung des Getreides. Bauern aus der Region bringen den Weizen, dieser wird gereinigt und gelangt dann in die Silos. Diverse weitere Reinigungen, Schälen, Mahlvorgänge folgen. Das Mehl wird abgesiebt und das Schrot vermahlen, bis alles Mehl herausgelöst ist. „Mancher Müller mahlt hoch, Wir bevorzugen die Flachmahlung. Dadurch wird das Ergebnis mineralstoffreicher", so der Mann, der den Beruf von der Pike auf gelernt hat und quasi in der Mühle aufgewachsen ist, wie er anmerkt. Im Übrigen ist Arnet mit anderen Müllern grenzüberschreitend vernetzt. Einst gab es in der Gegend zahlreiche Mühlen, alle paar Kilometer bewegte sich ein mächtiges Mühlrad. Das Schwalbhügelland erstreckt sich in etwa von Bitche bis ins südwestpfälzische Hornbach. Müller-Kollegen aus Lothringen, dem Elsass, Baden und der Pfalz besuchen sich gegenseitig und geben sich Tipps. „Wir profitieren stark vom Wissen des anderen."

Jene Mühle wurde 1731 erbaut. Ein Großfeuer und der Zweite Weltkrieg machten ihr schließlich den Garaus. In den 1980er-Jahren wurde das hinfällige Gebäude restauriert und zu einer kleinen touristischen Attraktion ausgebaut, die den Mühlenalltag vergangener Zeiten nachzeichnet. Alte Werkzeuge werden neben sämtlichen Schritten der Mehlherstellung gezeigt. Eine Getreide- und eine Sägemühle, die von einem Schaufelrad angetrieben werden, sind unter anderem zu besichtigen. Rinder, ein Natur- und Kulturlehrpfad sowie ein Bienenhaus gehören ferner zu der Schaumühle im Bitscher Land. Neben den Führungen im nahen Eschviller geht Arnet auch die Arbeit in der eigenen Mühle so schnell nicht aus. Streben putzen, Siebe auswechseln, Filter säubern, Lederriemen einreiben, und die alte Mühle in Schuss halten, stehen neben dem täglichen Mahlen an. Einer seiner Söhne hält auf dem Hof zudem Mastvieh.

Besonders viel Arbeit hatte der Familienbetrieb in den Nordvogesen während der Corona-Pandemie. Als Lebensmittel produzierendes Gewerbe galt die alte Mühle als systemrelevant und produzierte fleißig weiter. „Das Telefon stand nicht mehr still. Viele Supermärkte riefen an. Wir kamen kaum noch nach", berichtet Arnet. Direkt vis-à-vis der Mühle befindet sich ein Hofladen auf dem Areal. Hier findet sich Mehl in diversen Sorten, selbst gemachte Nudeln, Teigwaren, Haferflocken und etliche weitere Erzeugnisse aus der Getreidemühle. Auch zahlreiche weitere Spezialitäten aus Lothringen werden offeriert. Biologischer Wein von der Mosel, Konfitüre oder Honig aus der Region, Mirabellengelee, Paté de Campagne, Bier einer Microbrasserie, Konfekt aus den Vogesen oder Tee aus dem Elsass. Der Hofladen ist das Reich von seiner Ehefrau Marie-Thérèse. Fait maison (hausgemacht) ist fast alles in dem gemütlichen Lädchen auf dem Hof, dessen Mühle heutzutage lediglich noch von einem Bruchteil Wasserkraft angetrieben wird. Rund 80 Prozent der Energie wird mittlerweile elektrisch produziert.

Einträchtig: Stadtrat Bernard Krackenberger und Bauer Yannick Hornbeck (re.). Der Landwirt ist stolz auf seine Biowurst aus dem Bitscher Land.

Markttreiben in früherem Offizierscasino

- *Grumbeerwurst und Hausgemachtes aus dem Bitscher Land*
- *Bioprodukte in Bitche besonders gefragt*
- *Garnisonsareal neu genutzt*

Bekannt ist das ostlothringische Städtchen Bitche vor allem durch seine imposante Zitadelle und den dazu gehörigen Garten des Friedens. Seit einiger Zeit hat die Garnisonsstadt noch eine weitere Attraktion und zwar kulinarischer Art. Ein ehemaliges Offizierscasino wurde für rund eine halbe Million Euro in eine Markthalle umgewandelt. Dort gibt es jeweils samstags von 8 bis 13 Uhr Lebensmittel des täglichen Bedarfs – von Fleisch und Wurst über Käse, Konfitüre, Brot, Wein und etlichem mehr. Selbstredend sind alle Produzenten aus der näheren Umgebung und legen Wert auf eine „production artisanale". Wo einst das Militär speiste, werden nun Lebensmittel feilgeboten. „Vor allem die Nutzer des Camping-Platzes im nahen Baerenthal nehmen das Angebot neben den Einheimischen wahr", berichtet Bernard Krackenberger vom Gemeinderat in Bitche. Der nächst gelegene „Marché couvert", bei dem man vor Wind und Wetter geschützt einkaufen kann, sei von Bitche aus in Ingwiller und Haguenau – also eine ganze Ecke weit weg.

Rund 20 Marktstände bieten in der neu genutzten Halle ihre Produkte an. Die Elsässerin Susi Keller veräußert foie gras, geraucherte Entenbrust oder Confit de canard. Einen Stand weiter steht Frédéric Frumholtz. Er bietet Honig und Konfitüre in allerlei Variationen an. „Der Waldhonig und der Akazienhonig sind besonders beliebt. Zudem eingelegte Mirabellen und Quetscheschlaeggel mit relativ geringem Zuckergehalt", betont der junge Mann. Der Familienbetrieb „Le verger des frères Frumholtz" verarbeitet pro Jahr rund 9.000 Tonnen Pflaumen, Mirabellen und Äpfel, auf einem 2,5 Hektar großen Areal bei Omersviller am nördlichen Rand des Bitscher Landes. Zudem gibt es Schalotten, Kartoffeln und Kürbis. Stolz ist Frumholtz auf seine vielen alten Sorten und die Mitgliedschaft im Verband „Mangeons Mosellan", der die regionale Küche im Département Moselle repräsentiert.

Die Markthalle von Bitche (Marché couvert) befindet sich auf dem früheren Garnisonsareal. Vis-à-vis des Espace René Cassin von der Rue du Général Stuhl (D35) geht es zur Halle in den Saal der Kürassiere. Die Straße dort hat keinen Namen. Öffnungszeiten: jeweils Sa. 8 – 13 Uhr.
www.ville-bitche.fr
Marché couvert. Weitere Märkte in der Region: Phalsbourg (Fr.), Dabo (Sa.), Lutzelbourg (Sa.), Sarrebourg (Di. und Fr.).

Groß ist der Andrang bei der ferme „Vegetal Respekt“ aus Sturzelbronn. Bio-Gemüse steht hoch im Kurs.

Deftige Wurstware bietet Yannick Hornbeck aus Haspelschiedt an. „Das ist alles fait maison“, sagt der Bio-Landwirt und Metzger und deutet auf die Grumbeerwurst und seine mit Riesling marinierten Fleischpasteten. „Schinken und Speck – gut geräuchert. Wir machen das wie früher. Wir haben natürlich auch unsere Geheimrezepte, was die Würzung betrifft“, betont der Lothringer. Auf die lokale Bierproduktion hat sich Hermann Lionel spezialisiert. In der rue de la 100ème division US in Bitche wird der Gerstensaft der Brasserie de la terre à la bière produziert. „Wir machen Weißbier und Dunkles. Dabei verwenden wir alte Malzsorten. Wir unterscheiden uns ganz bewusst von Industriebieren“, sagt der Braumeister, der auf handwerklich gemachtes Craft-Beer setzt.

Einen Schritt weiter gibt es Hochprozentigeren. André Bach offeriert Weine, Brände und Liköre aus der Mosel-Region. Pinot Noir, Rosé und Auxerrois mit Bio-Label laufen besonders gut, merkt er an. Auch Crémant aus dem Elsass. Neben klassischen französischen Baguettes verkauft die benachbarte Boulangerie Patisserie Jespere auch eher rustikales Bauernbrot, wie man es aus Deutschland kennt und in den Nordvogesen gerne gegessen wird. Für den Appetit zwischendurch tun

Rustikale Landbrote, wie man sie auch in Deutschland kennt, gibt es neben dem klassischen Baguette ebenfalls.

es aber auch kleine Bitchois, die aus Teig, Speck, Tomaten, Käse und Zwiebeln bestehen.

Den größten Andrang in der Halle hat jedoch zweifellos die Ferme von Dominique Leppert zu verzeichnen. Eine Schlange hat sich um den Markstand des Bio-Landwirts aus Sturzelbronn gebildet. Unter dem Signet „Vegetal Respekt" bietet er unter anderem Sellerie, Lauch, Rüben Feld- und Kopfsalat, Birnen, Eier oder Kartoffeln an. Auch hier gibt es alte Sorten. Der Landwirt, der eigentlich Bau-Ingenieur ist, legt großen Wert auf eine naturnahe Verarbeitung ohne chemische Belastung und industrielle Düngemittel. Einer, der die Qualität von Lepperts Produkten zu schätzen weiß, die mit dem Label Agriculture biologique (AB) gekennzeichnet sind, ist Dennis Klingel. Er ist mit seiner Tochter aus dem pfälzischen Hirschthal über die Grenze gekommen und hat sich reichlich mit Ware eingedeckt. „Das ist das beste Gemüse weit und breit. Das hat deutlich mehr Geschmack. Hier wird noch mit eigenem Stallmist gedüngt. Die Böden werden gepflegt und nicht ausgelaugt", lobt er den Chef des Hofs, der den Markt in Bitche mitinitiiert hat, über den grünen Klee.

Bronzefigur vor einer Wendeltreppe. Letztere wurde an eine Brasserie verkauft.

Im Kuriositätenkabinett

- *Atelier des Curieux bietet außergewöhnliche Objekte*
- *Pariser Thonet-Bistro-Stuhl oder Mobiliar des Second Empire*
- *Historisches und Erhaltenswertes*

Ostfrankreich und speziell Lothringen ist für Freunde von gehobenem Trödel eine Art Dorado. Vieles findet als „Marche aux puces" (Dtl. Flohmarkt) unter freiem Himmel statt. Wetterunabhängig ist dagegen das „Atelier des curieux" in Lutzelbourg in den Nordvogesen. In einer rund 800 Quadratmeter großen Halle befindet sich Trödel en masse. Seit rund vier Jahren existiert die Fundgrube für Sammler am Ortseingang des Städtchens nahe dem bekannten Schiffshebewerk von Saint-Louis/Arzviller. Drei Personen managen das Areal: Léo Lagorceix, sein Vater Bruno und Fabien Troussieux. „Mein Vater macht Entrümpelungen in der gesamten Region Grand Est. Wir fahren bis in die Champagne. Was erhaltenswert ist, kommt dann in unser Atelier", sagt Léo Lagorceix. Der 24-Jährige aus Steinbourg bei Saverne ist für das Kaufmännische verantwortlich, während sein Kollege Fabien für die kunsthistorische Einordnung zuständig ist.

Die Auswahl in dem lothringischen Städtchen ist reichhaltig: Hier ein Thonet-Bistro-Stuhl aus Paris, dort eine alte Weinkiste aus Sélestat, eine Singer-Nähmaschine um 1900, eine Industrielampe einer alten Fabrik im Elsass oder Mobiliar des Second Empire. Wer sich für Objekte mit reichlich Patina interessiert, ist hier richtig. Was das Kurioseste ist, was bisher verkauft wurde? Bei der Fülle der Objekte muss der junge Mann, der zuletzt als Feuerwehrmann in Paris gearbeitet hat, ehe er in den elterlichen Betrieb einstieg, etwas überlegen. „Ich denke, diese Wendeltreppe aus der Zeit des fin de siècle", sagt er und deutet auf eine alte, gusseiserne Treppe. „Die hat ein Brasserie-Betreiber gekauft. Sie wird demnächst eingebaut."

Vor allem Menschen, die ihr modernes Heim mit historischen Akzenten verschönern möchten, zählen zum Kundenkreis. Man hat ja auch die Qual der Wahl: Bronzen, Statuetten, Schaukelpferdchen, Barbier-Stuhl oder ein Vitrinenschrank von Potages Maggi. An den Decken baumeln Rennräder. Zwischen Heiligen-Statuetten kann man in alten Tin-Tin- (Tim & Struppi) oder Spirou-Comics blättern. Wer möchte, kann

i

Jeden Sonntag (10 – 12 Uhr) hat die Halle im lothringischen Lutzelbourg, 11 rue Adolphe Joseph Konzett geöffnet.
www.atelierdescurieux.com
Die Touristenattraktion Schiffshebewerk von Saint Louis-Arzviller (siehe Kapitel 51) befindet sich in unmittelbarer Nähe.

Léo Lagorceix ist für das Kaufmännische in dem Trödelhandel zuständig.

Einblick in das „Atelier des curieux“ in Lutzelbourg“.
Altes und Seltenes auf rund 800 Quadratmetern Fläche.

Lampe in Statuetten-Form, an Stühlen herrscht ebenfalls kein Mangel.

Ein Barbier-Stuhl für die heimische Rasur.

einen alten Moped-Helm für sein Solex erstehen, in einer Pastillen-Dose von Vichy Krimskrams aufbewahren oder einen alten Architekten-Tisch erwerben. Eine alte Werkbank wurde zu einem Küchentisch umgearbeitet. Auf dem Industrie-Areal des Kuriosen-Kabinetts – hier war einst eine Heftklammer-Fabrik angesiedelt – befinden sich zudem lokale Kunsthandwerker, beispielsweise ein Kunstglaser. „Es ist wichtig, solche Dinge zu bewahren und sie der nächsten Generation, die Sinn für das historische Erbe hat, weiterzugeben", sagt der junge Mann aus Moselle mit Nachdruck.

*Im Boot geht es mit dem Fahrstuhl 45 Meter in die Tiefe hinab.
Vier Minuten dauert die Fahrt.*

Mega-Badewanne für Freizeitkähne

- *In Lothringen steht eine der ungewöhnlichsten Schiffshebewerke Europas*
- *Schrägaufzug ersetzt 17 Schleusen*
- *Ein Fahrstuhl für Schiffe*

Michel Carabin lacht. „Na, das schaukelt jetzt wie ein Baby in der Wanne", sagt er, während er ein Ferienboot in dem 41 Meter langen und 5,5 Meter breiten Trog hoch oben in den Vogesen festzurrt. Er ist Fährmann an der Schleuse von Saint Louis Arzviller im östlichsten Zipfel Lothringens. Und das ist nicht irgendeine Schleuse. Schließlich ist das Schiffshebewerk im Moselland, das innerhalb von fünf Jahren errichtet wurde, ein architektonisches Meisterwerk und eine touristische Attraktion zugleich. Einen Höhenunterschied von rund 45 Metern überwindet der Schrägaufzug und ersetzt sage und schreibe 17 Schleusen, die bis 1969, als der eigentümliche Aufzug errichtet wurde, ihren Dienst über einer Strecke von vier Kilometern taten. Die mühsame Arbeit der Schiffer, die damals fast einen Tag benötigten, um die Boote von den Vogesen in die Ebene abzusenken, ist nun in gerade mal vier Minuten erledigt. Wenn die 950 Tonnen schweren Eisenarme die Schiffe in ihr Basin einladen, überwindet das Hebewerk eine Steigung von über 41 Prozent in Windeseile. Eine Höchstgeschwindigkeit von 60 Zentimetern pro Sekunde kann der „Fahrstuhl für Schiffe" mühelos erreichen.

Ehe das Schiffshebewerk Ende der 1960er-Jahre seine Funktion aufnahm, machten zuvor 17 Schleusenwärter an den jeweiligen Toren ihren Dienst, die anschließend durch lediglich zwei Betriebsingenieure ersetzt wurden. Die Schleusentreppe von Arzviller, die von den Vogesen ins Zorntal führt, galt in der Vergangenheit als gefürchteter Engpass für die Schifffahrt. Seit rund 35 Jahren tut Michel Carabin nun bereits seinen Dienst in Saint Louis Arzviller – und das noch mit der gleichen Leidenschaft wie am ersten Tag. „Das muss man einfach im Blut haben. So was lässt einen nicht mehr los. Es ist zwar immer die gleiche Arbeit, aber doch jedes Mal irgendwie anders. Man hat ja auch immer mit un-

Das Schiffshebewerk in Saint Louis Arzviller liegt zwischen Sarrebourg und Saverne, 200 rue du plan incliné Saint Louis. Geöffnet ist der Schrägaufzug vom 1. April bis 25. Oktober (dann täglich in Betrieb, auch an Feier- und Sonntagen, lediglich montags geschlossen). Vor Ort besteht die Möglichkeit einer 30-minütigen Führung. Auch Schiffsrundfahrten und Fahrten im Boot mit dem Schrägaufzug werden angeboten.
www.plan-incline.com

Blick auf die ungewöhnliche Konstruktion in den Nordvogesen, die 17 Schleusen ersetzt

terschiedlichen Leuten zu tun. Die bekommen immer große Augen, wenn sie das Hebewerk sehen. Es ist ja auch schon sehr speziell. Ich kann mir eigentlich gar nichts anderes mehr vorstellen", sagt der Lothringer gut gelaunt, der in jungen Jahren zur See gefahren ist. Zwischendurch ist er auch als Fremdenführer in Sarrebourg tätig. Dann, wenn das Schiffshebewerk zwischen Anfang November und Ende März stillsteht. Seinen ungewöhnlichen Schrägaufzug im Sandsteingebirge der Nordvogesen, der einem schon von weitem staunen lässt, gehört jedoch seine ganze Aufmerksamkeit.

Rund 12.000 Hausboote passieren pro Jahr die gigantische Schleuse und machen den 1853 eröffneten Rhein-Marne-Kanal damit zu einer der meistbesuchten Flusslandschaften Frankreichs. Carabin kann sich auch noch daran erinnern, als pro Tag noch rund 30 bis 40 Frachtschiffe und Lastkähne das Schiffshebewerk in Anspruch nahmen. Heute passieren lediglich zwei bis drei Schiffe größeren Kalibers die Schleuse. Schon lange dominieren die Freizeit-Kapitäne, die zumeist aus Deutschland, Belgien oder Frankreich stammen, mit ihren Hausbooten die Szenerie. Hinzu kommen mehr als 100.000 Touristen jährlich, die das ungewöhnliche architektonische Meisterwerk aus der Nähe be-

Die Schleuse von Saint Louis Arzviller passieren pro Jahr rund 12.000 Freizeitboote.

trachten wollen. Meist geht es dann auch mit dem Ausflugsboot des Hebewerks gegen Gebühr einmal hoch und runter, um das maritime Gefühl in der Mega-Badewanne, das von 950 Tonnen schweren Gewichten gehalten wird, selbst auszukosten. Mit gerade mal zwei Elektromotoren und Leistungen von je 130 PS lässt sich der Trog, in dem die Schiffe nach oben und nach unten gelassen werden, betrieben. Der mit Wasser gefüllte Aufzug selbst wird mit einer elektrisch angetriebenen Winde auf einer schiefen Ebene mit einem Gefälle von 41 Prozent senkrecht zu seiner größten Ausdehnung bewegt. Da die Schiffe in dem Trog so viel Wasser verdrängen wie sie wiegen, besteht immer ein Gleichgewicht. Die schiefe Ebene verbindet den bergseitigen Kanal, der aus Richtung Nancy kommt, mit dem talseitigen Kanal, der weiter in Richtung Strasbourg führt.

Neben Saint Louis Arzviller existieren ähnliche Konstruktionen europaweit lediglich in Krasnorjarsk (Russland) und im belgischen Charleroi. Und wenn es nach Carabin ginge, würde er noch weitere 20 Jahre dafür sorgen, dass die Kähne gut vertäut versteht sich, den 45 Meter großen Höhenunterschied im Rhein-Marne-Kanal unweit des elsässischen Städtchens Saverne auf sich nehmen.

Frédéric Beno vor den Braukesseln seiner Microbrasserie mit einem Emailschild der längst verblichenen Brauerei in Sarrebourg.

Die Brauerei der Schleusenwärter

- *Micro-Brasserie in Lorraine knüpft an alte Tradition an*
- *Phalsbourg war einst Hopfenumschlagsplatz für Amerika*
- *Mildes Bockbier für Lothringens Minenarbeiter*

Eine lange Tradition in Sachen Gerstensaft hat der Osten Frankreichs seit jeher. Kürzlich hat sich Frédéric Beno angeschickt, die Brauereitradition in Lothringen um eine Variante zu erweitern. Er gründete die „Brasserie de Eclusiers" in Henridorff südlich von Phalsbourg. Der Namen seiner Marke „Brauerei der Schleusenwärter" macht durchaus Sinn. Schließlich befindet er sich gerade mal einen Kilometer vom gigantischen Schiffshebewerk in Saint Louis Arzviller entfernt. Vier Biersorten bietet Beno an: Blond, Weißbier, Halbdunkel und Pils. Kleine Brauereien, die handwerklich gefertigte Biere oft in kleinen Mengen produzieren, liegen im Trend. Da ist Frankreich keine Ausnahme. „Die Sterne standen günstig. Da dachte ich mir, es wird Zeit, mein eigenes Bier zu brauen. Ich komme ja aus der Gastronomie und bin Bierliebhaber. Ich habe einfach losgelegt", sagt Frédéric Beno schulterzuckend, während er in seiner Microbrasserie Bier zapft. Zunächst belegte der ausgebildete Koch ein Brauer-Seminar in einer Bierfachschule in Saint-Nicolas-de Port. Seine Braukessel bestellte er im fränkischen Bamberg, Expertise holte er sich wiederum vom einstigen Braumeister der Brasserie in Sarrebourg. Der lothringische Bierproduzent war einst eine ähnliche Größe wie Kronenbourg in Strasbourg. Doch in den 1970er-Jahren, in der Zeit des großen Brauereisterbens, war auch für „Bières de Sarrebourg" Schicht. Das 1820 in Moselle gegründete Unternehmen schloss 1970 seine Pforten.

„Diese Tradition wollte ich, natürlich in ganz bescheidenem Maße, wiederbeleben", berichtet Beno. Etwa um die 700 Hektoliter unfiltriertes Bier produziert der Klein-Unternehmer pro Jahr. Die schenkt er in seiner Brasserie aus, die an einem Campingplatz an der alten Schleuse liegt. Zudem wird es in Restaurants und Supermärkten der Region verkauft. Stolz zeigt der 48-Jährige auf ein blaues Emailschild der Brasserie von Sarrebourg aus den 1950er-Jahren. In seinem verwaisten Restaurant hängen

i

Brasserie des Eclusiers, Rue de la vieille Cité
Henridorff (unweit von Saverne und Lutzelbourg).
Mi.–So. 10.30–23 Uhr,
Mo. 10.30–16 Uhr, Di. geschlossen.
Neben Selbstgebrautem gibt es authentische lothringische Küche.
www.brasserie-eclusiers.com

Von 1820 bis 1970 existierte die Brauerei in Sarrebourg. Der Brauer knüpft an ihre Tradition an.

Bierdeckel der „Brasserie des Eclusiers“ (Brauerei der Schleusenwärter). Der Name macht Sinn. Ein riesiges Schiffshebewerk ist in unmittelbarer Nähe.

Am Zapfhahn: Der Gastronom versorgt auch den benachbarten Camping-Platz mit Gerstensaft.

etliche der wertvollen Sammlerstücke. Alles Originale aus der Zeit, versteht sich. Rare „Plaques émaillées" wie der Brauerei „La Perle" aus Straßburg nennt er sein Eigen. Von der verblichenen Brasserie aus Sarrebourg hat er diverse Varianten. In jedem Fall hat ihm der frühere Braumeister den einen oder anderen wertvollen Tipp für sein Gebräu gegeben. Produziert wird streng nach deutschem Reinheitsgebot. Hopfen, Wasser, Hefe, Malz. Mehr nicht. „Der Hopfen kommt aus dem Elsass, das Wasser aus einer Quelle von hier aus rund 60 Metern Tiefe", merkt Beno an und fügt hinzu: „Neben Haguenau war einst Phalsbourg ein großer Umschlagplatz für Hopfen in Europa. Der Hopfen ging direkt nach Nordamerika."

Neben den vier genannten Sorten hat er auch schon mal mit dem Gedanken gespielt, ein klassisches Bockbier auf den Markt zu werfen. Hier gibt es jedoch eine kleine Differenz zu Deutschland. Während hierzulande Bockbier mit 6 bis 7 Prozent Alkoholgehalt sehr stark ist, gab es einst in Lorraine eine milde Variante. „Mir hat der frühere Braumeister aus Sarrebourg erzählt, dass bei ihnen ein Bockbier mit gerade mal 2,8 bis 3,5 Prozent gab. Das hatte den Grund, dass die Minenarbeiter, welche die Kohle aus den Schächten Lothringens holten, nicht zu schnell betrunken sein sollten. Dasselbe galt natürlich für die Schleuser", fügt der Restaurant-Betreiber mit dem gezwirbelten Bärtchen grinsend hinzu. Auch sein „Sar-Pils" dockt an die Tradition der Brauerei an, die gut 150 Jahre existierte. Ferner zählt ein getrüffeltes Bier zu seinem Portfolio. Er experimentiert zudem - Reinheitsgebot hin oder her - mit einer Kombination von grünem Apfel und Weißbier.

Zu seinem „Bière artisanale" serviert der Chef normalerweise lothringische und elsässische Speisen. Die deftige Kost passe gut zu Weißbier oder Helles. Baeckeoffe, Pot de Lorraine, Quiche, Entenleber, Flammkuchen oder Forelle aus einem Bach der Gegend. Seine Lehrjahre verbrachte der Küchenchef und Brauer in Personalunion in Bourg-en-Bresse, Obernai und Zürich. Eine Kooperation betreibt der Gastro-Unternehmer zudem mit dem nahen Tierpark Rhodes in Sainte-Croix. Der Park, eine Art Reservat, in der sich unter anderem Luchs, Bär und Wolf tummeln, verkauft in seiner Boutique Gerstensaft fait maison aus Henridorff. Das Logo des Bären ziert das Halbdunkle, das des Wolfes das Weißbier. Auch die Bierdeckel der Micro-Brasserie sind dekorativ gestaltet. Ein Schleuser mit Ziehharmonika ziert die Pappe.

Vorsicht heiß: Handwerkskunst und Feingefühl sind gefragt.

Das Moselland und sein Bleikristall

- *Lange Tradition der Glasbläser-Kunst in Lothringen*
- *Filigrane Arbeit bei 1120 Grad*
- *Cristallerie Lehrer produziert jährlich spezielle „Boule de Noel"*

Lothringen hat eine lange Tradition in handwerklicher Kristall- und Glaskunst. Die Cristallerie Vallerysthal (1707) zählt zu den ältesten französischen Kristallmanufakturen überhaupt. Ihr lupenreines Kristall war einst an den Höfen in ganz Europa begehrt. Deutlich jünger ist die Cristallerie Lehrer in Saint Louis Arzviller, direkt am Fuße des dortigen Schiffshebewerks. Seit etwas rund 50 Jahren existiert die Cristallerie im „Kristall-Land" im Département Moselle. „Schon als Zwölfjähriger habe ich angefangen Glas zu schleifen. Das war in unserer Gegend ganz normal. Ich bin quasi in der Glashütte aufgewachsen", sagt Bruno Lehrer, 70 Jahre alt und Grandseigneur des Unternehmens. Das Tagesgeschäft managt inzwischen sein Sohn Arnaud. Doch täglich schaut der Patron in der Werkstatt vorbei, sein Metier ist ihm längst in Fleisch und Blut übergegangen. „Wenn ich Lust habe, fange ich morgens einfach mal an, ein Glas zu schleifen. Nur so für mich. Es ist meine Passion. Ich kann nicht anders", gesteht er.

Früher war die Glashütte der Familie Lehrer im kleinen Örtchen Schaeferhof einige Dorfer weiter angesiedelt. Vor gut zehn Jahren zog man in die rund 800 Quadratmeter große Cristallerie bei der Schleuse. Ein cleverer Coup. Rund 100.000 Touristen besuchen das gigantische Schiffshebewerk pro Jahr. Und viele Touristen schauen sich nach dem Besuch der Schleuse auch in seiner Cristallerie um, die jeden Tag in der Woche geöffnet hat. Und wohin man auch blickt: Vasen, Karaffen, Lampen, Dekoratives und Gläser in allen Variationen. Es glitzert und funkelt. Speziell die Glasbläserei ist bei den Besuchern beliebt. Innerhalb der Boutique kann man in einem kleinen Amphitheater den Handwerkern bei ihrer schweißtreibenden Arbeit zuschauen. Deren Historie kennt der 70-Jährige im Übrigen ganz genau. „Die ersten Glasbläser kamen aus der Schweiz in unsere Region. Zwischen 1680 und 1700 hatte

i

Cristallerie Lehrer, 1 rue du plan incliné Garrebourg, südlich von Phalsbourg. Die Manufaktur befindet sich an der Hauptstraße nur einige Schritte vom Schiffshebewerk von Saint-Louis/Arzviller entfernt (siehe eigenes Kapitel 51).
Die Cristallerie hat tgl. das ganze Jahr über durchgehend geöffnet. Nur am 25. Dezember und 1. Januar geschlossen. Di.–Sa. 9–18 Uhr, Mo., So. und FE 10–18 Uhr

Grandseigneur Bruno Lehrer mit einem Champagner-Korken als Weihnachtskugel.

fast jedes Dorf eine Glashütte." Im Moselland waren Wasser und Holz als Rohstoffe ausreichend vorhanden. Vor allem für das schwere Bleikristall ist die Gegend bekannt. Bei Lehrer wird eine ähnliche Grundsubstanz für Bleikristall genutzt, welches das französische Luxus-Unternehmen Lalique für seine Kristallleuchter, Glas- und Design-Objekte verwendet.

Jeweils zu Weihnachten pflegt die Cristallerie eine besondere Tradition. Ähnlich wie in der bekannten Glashütte in Meisenthal kreieren die Kollegen in Saint Louis Arzviller jährlich eine spezielle Weihnachtskugel. Gugelhupf-Kuchenform, Champagner-Korken, Mannele (Dambei) oder eine Glocke in Miniatur-Format gab es bisher. Zu Noel (wie Weihnacht auf Französisch heißt) baumelten die Kugeln in bunten Kristallfarben an den Christbäumen in den Wohnzimmern in der Region Phalsbourg. Aber nicht nur hier. „Im TV-Sender TF1 wurde im Advent über unsere Weihnachtskugel berichtet. Daraufhin gingen viele Hundert Bestellungen, nicht nur aus der näheren Umgebung, sondern aus ganz Frankreich, bei uns ein", stellt der Patron zufrieden fest.

Schweißtreibende Arbeit bei bis zu 1120 Grad im Ofen. Die Glasbläser der Cristallerie Lehrer unweit des Schiffshebewerks.

Im hinteren Bereich des riesigen Geschäfts befindet sich die Schau-Werkstatt. Dort geben die Schleifer dem Glas den letzten Schliff. Fünf Glasbläser sind gleichzeitig dabei, aus der glühenden, honiggelben Masse eine Weihnachtskugel zu formen. Bei 1120 Grad wird die Kugel mit Werkzeug filigran bearbeitet, bei 420 Grad kühlt sie schließlich allmählich ab. „Im Grunde ist jedes Objekt ein Unikat. Das Bleikristall bringt diesen ganz besonderen Glanz", sagt Lehrer, während sich eine angenehme Wärme rund um die Öfen ausbreitet. Ein gutes Auge müsse man haben, ebenso eine ruhige Hand, fügt Charlotte hinzu, während sie die heiße Kristall-Kugel an einem Stecken balanciert. Sie hat das Handwerk in der Glas-Handwerksschule im nahen Sarrebourg (einer von nur noch zweien in Frankreich) gelernt. Sie stolz darauf, dass sie eine Jahrhunderte alte Tradition der Region fortsetzt. Aber allein das Strahlen der Zuschauer, wenn eine neue schillernde Weihnachtskugel das Licht der Welt erblickt, sei ihr Freude genug, wie sie lächelnd anmerkt.

Schnapsbrenner Nicolas Schott mit seinem Whisky und Rum – jeweils im Mirabellenschnapsfass gereift.

Whisky aus dem Mirabellenfass

- *Brenner reift Whisky und Rum ganz unkonventionell*
- *Zuckerrohr-Schnaps bei Seefahrer-Nation beliebt*
- *Gutes Obst ist Basis eines traditionellen Brands*

Nicolas Schott hat, wenn man so will, eine Art Liebesaffäre mit einer Mirabelle. Das ist nicht weiter verwunderlich. Die süße Steinfrucht ist eine kulinarische Botschafterin Lothringens. Man genießt sie als Bonbon, auf der Tarte, als Konfitüre oder als Mirabellenschnaps – sie ist vielseitig verwendbar. Jedes Jahr wird in Metz die Mirabellenkönigin gewählt, fast jedes Dorf in der Region feiert sein Mirabellenfest. Ursprünglich stammt sie aus dem Norden Persiens. Seit dem 15. Jahrhundert wird sie jedoch bereits in Lothringen angebaut. Hier fühlt sich die Frucht offenbar besonders wohl. Hier gedeihen fast 300.000 Mirabellenbäume. Rund 16.000 Tonnen der Pflaumen-Unterart finden Abnehmer rund um den Globus. Und hier sind wir wieder bei Nicolas Schott. Der mit 39 Jahren noch relativ junge Schnapsbrenner aus dem 500 Meter hoch gelegenen Harreberg, südlich von Sarrebourg, kann seine Vorliebe für die Mirabelle gut begründen. „Sie hat ein süßes Fruchtfleisch und ein wirklich feines Aroma. Sie gedeiht zudem auf unserem terroir ganz hervorragend. Im Grunde ist sie längst ein Symbol für unsere Region", meint der Mann aus dem Département Moselle. Als Brandmeister in dritter Generation muss er es wissen.

Gerade die hohe Qualität der Früchte aus der Region sei die Basis für feine Schnäpse und Liköre. „Alles steht und fällt mit dem Ausgangsprodukt. Ohne gutes Obst, kein guter Brand. So einfach ist das. Auch das Wasser ist wichtig. Wir haben hier bestes Quellwasser", merkt er an. Natürlich führt Schott auch Mirabellenschnaps in seinem Repertoire. Das versteht sich von selbst. Doch der findige Franzose geht noch einen Schritt weiter. Er produziert einen Whisky de Lorraine, der im Mirabellenfass reift. Dasselbe Procedere lässt er seinem Rum aus Panama angedeihen. „Wir machen das Finishing in Fässern, in denen einst Mirabellenschnaps gelagert war. Ich denke, wir sind die Einzigen in Lothringen und damit wohl auch in Frankreich, die das so machen", sagt Schott, der seine

i

Feinkostgeschäft „Le Comptoir des Saveurs"
15 Rue de la Bièvre Sarrebourg
✆ 00 33 / 3 87 24 66 52 (übliche Ladenöffnungszeiten)
www.distillerie-quintessence.com
Dort gibt es Whisky, Rum, Brände und etliches weiteres der Destillerie. Zudem Produkte aus Elsass und Lothringen. Ferner gibt es ein Menu du Jour. Sarrebourg liegt in der Mitte von Nancy und Straßburg.

Im hauseigenen Laden der Brennerei in Sarrebourg gibt es Spezialitäten aus der Region.

Die Brennblase stammt aus der Hochburg der Obstbrände – dem Schwarzwald.

Brennerei mit gerade mal 30 Jahren ins Leben rief. Natürlich hat der Chef der „Distillerie de la Quintessence" auch Whisky und Rum, der üblicherweise in Sherry-Fässern reift. Aber als Patron mag er die eaux-de-vie (Wasser des Lebens) mit Alleinstellungsmerkmal und Lothringen-Branding am liebsten. Gelernt hat er das Brenner-Handwerk von seinem Großvater Johannes, zudem besuchte er eine Weinfachschule in Straßburg. Bei den Whiskys, die mittlerweile oft weit entfernt von ihren keltischen Erfindern rund um den Globus hergestellt werden, zählt er mit zu den Ersten, die Whisky made in Lorraine produzieren.

Die Liebe zum Rum ist in Frankreich im Übrigen deutlich ausgeprägter als in Deutschland. Der Grund liegt auf der Hand. Frankreich sei eine alte Seefahrernation mit einem langen kolonialen Erbe. Da kenne man sich mit dem Zuckerrohr-Schnaps gut aus. Etwa 10.000 Flaschen (Likör, Schnaps, Whisky, Rum) brennt Schott in seiner Destillerie jährlich. Man erhält sie in Feinkostgeschäften in Metz, Nancy oder dem eigenen Magasin in Sarrebourg. Dort sind bei den Kunden die klassischen Brände beliebt - soll heißen: Kirsch, Williams Birne, Zwetschge oder Mirabelle. Und: Waldmeister. Für Letzteres erhielt er vor einigen Jahren die Bronze-Medaille des Landwirtschaftsministeriums in Paris. Stolz ist der junge Firmenchef auf seine Brennblasen, die er in der Brenner-Hochburg Oberkirch im Schwarzwald erstand. Sein relativ milder Whisky durchläuft den Brennvorgang zweimal, der Schnaps einmal. Zwischen fünf und acht Jahren wird der Whisky in dem Höhenort gelagert, ehe er den Gaumen des Connaisseurs netzt.

Schott selbst ist Fan traditioneller Islay-Whiskys, die von den Inneren Hebriden vor der schottischen Westküste stammen. Begeistert ist er nach wie vor von allen Schritten, die mit der Produktion des Destillats zu tun haben. „Man begleitet das Produkt von der Frucht bis zur Reifung. Ich besitze auch noch die alten Rezepte meines Großvaters", sagt er, ehe er sich von der Destillerie in seinen Laden ins nahe Sarrebourg aufmacht. Dort verkauft sein Vater, ein pensionierter Apotheker, den Kunden „das Wasser des Lebens". Doch nicht nur die eigenen Produkte stehen zum Verkauf. „Le Comptoir des Saveurs" ist vielmehr ein Feinkostgeschäft für die Genüsse von Elsass und Lothringen. Zudem befindet sich im Geschäft ein kleines Restaurant, das ein Menu du jour anbietet. Prämiere Konfitüre aus dem Pays du Saulnois, Moselwein, Senf und Meerrettich aus der Nähe von Haguenau, Mehl einer Mühle aus dem Krummen Elsass, Weinessig, Terrine und etliches mehr werden feilgeboten.

Für Nostalgiker: Melone von einem Hutmacher aus Nancy.

Jäger des verlorenen Schatzes

- *Fundgrube für elsässische und lothringische Geschichte*
- *Alte Objekte mit reichlich Patina*
- *Trödelhändler aus der Nähe von Phalsbourg*

Wer das Reich von Anthony Dene betritt, fühlt sich sofort in eine andere Zeit versetzt. Es geht zurück in eine Epoche, als Jugendstil oder art déco grade en vogue waren. Der Trödelhändler hat in einem unscheinbaren Haus eine kleine Schatzkammer für Volkskunst vergangener Tage zusammengetragen. In Metting in der Nähe von Phalsbourg schlägt das Herz des „Brocanteurs", der mit 29 Jahren wohl zu den jüngsten Händlern der Region in seinem Metier zählt. Wohin man auch schaut, sieht man elsässische Möbel aus dem 19. und frühen 20. Jahrhundert, Comtoise-Uhren, Geschirr der verblichenen Fayencerie aus Saargemünd oder Emailschilder aus den 1920er-Jahren, ebenso wie Original-Plakate einer westfranzösischen Velo-Ausstellung im art-nouveau-Design. „Eigentlich habe ich, wenn man das so sagen kann, das Erbe meiner Mutter übernommen. Sie war begeisterte Flohmarkt-Gängerin und hat vieles zusammengetragen. Gemeinsam mit meinem Vater Olivier mache ich Entrümpelungen und sehe viele Dachböden. Mich faszinieren alte Dinge und ihre Geschichte", sagt der passionierte Händler.

Pflichttermine sind für ihn die großen Flohmärkte in der Altstadt von Nancy, in Metz auf dem Expo-Gelände sowie der Antik-Salon in Straßburg-Wacken. Assistiert wird er meist von Laetitia Sieso, einer studierten Kunsthistorikerin, die ihn berät. „Schauen Sie, das ist ein typischer Schrank aus dem Elsass. Er unterscheidet sich von seinem Lothringer Pendant darin, dass man ihn schnell auseinanderbauen kann. Auch die Fachwerkhäuser im Elsass kann man in einem Stück abmontieren. Das spiegelt die Mentalität wider, es sollte praktisch sein. Die Herrschenden in der Region wechselten häufiger. Es war ratsam mobil sein", sagt Laetitia Sieso süffisant. Etliche rustikale Möbel finden sich in der alten Scheune. Auch Stühle, bei denen in die Lehne ein elsässisches Bauernpaar in Tracht geschnitzt ist. Für jedes Geschlecht ein Stuhl, die Bäuerin ganz standesgemäß mit dem bekannten Schlupf als Zierde. In der Vitrine befindet sich edles Service der verblichenen Manufaktur in Saargemünd mit Motiven aus dem Landleben. Teller, Schüsseln und Tassen haben eine Art schimmernden Mondscheinglanz. „Es ist das Modell Obernai – dem Namen

i

Der Trödelladen liegt in Metting nördlich von Phalsbourg und ist von außen nicht erkennbar. Termine gibt es nur nach voriger telefonischer Kontaktaufnahme.
✆ 00 33 / 6 82 24 45 50
Olivier und Anthony Dene

Anthony Dene mit einem Plakat für eine Auto- und Fahrradausstellung der 1920er-Jahre.

des touristischen Städtchens bei Straßburg, das kennt man auch in Deutschland", erläutert die Elsässerin.

Anthony Dene kramt derweil eine alte Blechdose hervor. Sie ist aus den 1920er-Jahren und stammt von der Chocolaterie Schaal in Straßburg, die 1871 gegründet wurde und bis heute existiert. Stolz ist der Trödelhändler auf ein großes Bouillon KUB Emailschild aus den 1930er-Jahren, ein Klassiker der französischen Werbegrafik. Die einst als „Blechpest" verschriene Gebrauchskunst hatte ihren Höhepunkt in den 1920er und 1930er-Jahren. „Vor allem in Frankreich, Belgien oder Deutschland gab es viele herausragende Motive. Die Firmen engagierten Künstler, welche die Grafiken kreierten. Die Sammlerszene gibt viel Geld für gut erhaltene Stücke aus", weiß der junge Mann aus Lothringen. Vor einiger Zeit sei ein französisches „plaque emaillee" von Vins Nicolas nectar (Frankreich um 1927) für 159.500 Euro auf einer Auktion versteigert worden, plus Aufgeld versteht sich. Vor allem Stücke der 1923 gegründeten Emaillieranstalt Emaillerie Alsacienne in Straßburg-Hoenheim seien gefragt.

Geschirr Modell Obernai der Fayencerie-Manufaktur aus Saargemünd.

Ein altes Postschild ebenso wie eine Kiste der Chocolaterie Poulain.

„Alte Dinge, wenn sie technisch aufwendig und kunstvoll hergestellt wurden, üben einen besonderen Reiz aus. Früher hat man viel wertiger produziert. Man hatte einfach mehr Zeit. Es ist das Gegenteil zur heutigen Wegwerfgesellschaft", bekennt sich der Franzose zu seinem Sammler-Gen und seinem Antrieb, Historie erlebbar zu machen. Im Gegensatz zu Antikgeschäften, die meist edel präsentierte Ware zu einem hohen Preis veräußern, kann man in der Scheune von „Olivier & Fils" im ländlichen Moselle noch richtig stöbern und feilschen. Ein bisschen Flohmarkt geht immer. Wer gerne eine Melone des früheren Hutmachergeschäfts Knoll in Nancy (in Original-Verpackung) oder ein Sofa im Stil Napoléon III begutachten möchte, ist hier richtig.

Natürlich gibt es in dem Trödlerladen auch die nahezu unvermeidliche Töpferware aus Betschdorf und Soufflenheim. Ein Herz hat Anthony Dene auch für Militaria aus der an Konflikten nicht gerade armen Region im europäischen Kernland. Gerade wiegt er eine alte Bahnhofslampe vom Straßburger Hauptbahnhof in seinen Händen. „Ich schätze das wird wohl so 1920er, 1930er-Jahre sein", sagt der Trödel-Profi, der trotz seines relativ jungen Alters reichlich Erfahrung im Handel mit historischer Ware hat.

Vater Philippe Reinhardt und Sohn Yann stellen die vierte und fünfte Generation der Boucherie. Hier wird eine Paté Lorrain zubereitet.

Fleischeslust aus Lothringen

- *Meister-Metzger kreiert Königin der Pastete*
- *Quiche, Paté, Boudin Noir oder Saucisson*
- *Deftige Rezepte aus der Zeit der Renaissance*

Lothringen ist bekannt für seine vorzügliche Patisserie. Aber der Landstrich kann nicht nur süßes Dessert und leckeres Gebäck – sondern steht auch für fleischliche Genüsse. Man denke nur an die Quiche Lorraine, die längst einen Siegeszug angetreten hat. Der Speckkuchen, der die Region schon im Namen trägt, wird rund um den Globus goutiert. Oder: die Paté Lorrain – eine deftige Fleischpastete im Blätterteig. Weiter geht die kulinarische Reise durch Ostfrankreich. Terrine aus Schweinefleisch mit Mirabelle – ähnlich wie die Pastete, nur ohne Teigmantel und mit dem Obst aus der Region in Form von Mirabellenschnaps fein abgerundet. Beliebt ist auch die klassische Saucisson Lorrain (Lothringer Wurst) oder der Potée Lorraine – ein Eintopf aus Schweinefleisch, Kohl, Lauch, Kartoffeln, Karotten und Bohnen.

Einer, der sich mit all diesen regionalen Produkten bestens auskennt, ist Philippe Reinhardt. Der Metzger ist ein Meister seines Fachs. Bereits seit 1904 existiert die Boucherie in Sarrebourg. Mit seinem Sohn Yann ist bereits die fünfte Generation am Werk. „Es ist der Geschmack unserer Region. Das ist unser Métier. Schließlich produziert unsere Familie schon mehr als 100 Jahre Wurst und Fleischwaren", sagt Philippe Reinhardt, der in der Charcuterie quasi aufgewachsen ist, wie er betont. Seit gut 40 Jahren steht er werktags ab fünf Uhr morgens mit Schurz in der Metzgerei. Der Meisterbrief hängt unübersehbar im Verkaufsraum. Den Stolz auf sein Handwerk merkt man dem Franzosen an.

Die genannten Gerichte beherrschen Vater und Sohn aus dem eff-eff. Aber zwischendurch wagt sich das Duo auch mal an die Königsdisziplin. Schon der Name des Gerichts klingt ein wenig nach Poesie. „L'Oreiller de la belle Aurore" – übersetzt: „das Kissen der schönen Aurore". Die etliche Kilo schwere Speise mit einem Teigmantel gilt als Königin der Pasteten. Dabei handelt es sich um eine Mega-Paté für die Herbst- und Wintersaison mit 15 erlesenen Fleischsorten garniert mit Trüffeln,

Boucherie Charcuterie Reinhardt, 62 Grand Rue, Sarrebourg. Das Städtchen liegt etwa in der Mitte von Nancy und Straßburg. Es gibt zusätzlich ein „Menu du jour" zum Mitnehmen. Die Metzgerei im Ortskern hat zu den üblichen Ladenöffnungszeiten geöffnet.
www.reinhardt-lepalaisgourmand.com

Klassiker der Landküche: Paté de Campagne.

die in den Kastanienwäldern Lothringens wieder bestens gedeihen. Reinhardt zählt auf: „Unter anderem Geflügel, Hirsch, Ente, Rebhuhn, Wachtel, Hase, Reh oder Fasan gehören zur Füllung – je nachdem, was die Jäger erlegen."

Zum Rezept zählen auch eine Kalbs- und Schweinefüllung. Die kulinarische Kreation sieht mit der sanften Wölbung tatsächlich ein wenig aus wie ein Teigkopfkissen – die Luxusversion der traditionellen Pastete eben. Ein kulinarisches Statement, das die Metzger aus dem Städtchen, das etwa in der Mitte von Nancy und Straßburg liegt, aufgrund der aufwendigen Zutaten nur gelegentlich zubereiten. Vor allem an den Feiertagen kommt sie zum Einsatz. Zum Tagesgeschäft der Lothringer zählt eher die Quiche Lorraine. „Teig, Speck, Eier, Sahne. Voilà, herzhaft und bodenständig", sagt der Patron über das bereits im 16. Jahrhundert entwickelte Gericht mit einem Boden aus Mürbeteig.

Zu den Spezialitäten der Reinhardts zählt auch die vorzügliche Paté Lorrain fait maison, die mit ihrem saftigen Geschmack ihresgleichen sucht. Schweinenacken, Kalbsnuss, Schalotten, Petersilie, Zwiebeln, Pfeffer, Salz und einen Schuss Weißwein zählt der 56-Jährige auf, während Sohn Yann geduldig den Teig rollt und die Füllung hineindrapiert. Rund 40 Minuten benötigt die Pastete im Backofen. Der Legende nach stammt das Rezept aus der nahen Kristall-Stadt Baccarat und wurde schon im ältesten, auf Französisch verfassten Kochbuch Ende des 14. Jahrhunderts aufgeführt. Eines hat der Metzgermeister über die Jahrzehnte festgestellt. Im Gegensatz zu seinem Vater und Großvater verwendet er weniger Speck, Fett oder Salz. „Die Leute achten heutzutage mehr auf eine ausgewogene Ernährung als früher. Dem tragen wir Rechnung", sagt Philippe Reinhardt. Gemüse-Quiches seien heute für viele eine Alternative zur Speck-Version.

Ladengeschäft der Boucherie Reinhardt im Zentrum von Sarrebourg.

Wichtig ist ihm die Qualität seiner Produkte – Fleisch aus Lothringen und den Vogesen, vom Charolais- oder Limousin-Rind, stets gut gereift und abgehangen. Ebenfalls zu seinem Repertoire zählt die Saucisson Lorrain. „Das ist eine halbtrockene Wurst. Wir räuchern sie über Buchenholz", berichtet er. Ähnlich ist die Fuseau Lorrain, ebenfalls eine Spezialität aus der Region Moselle. Die Wurst aus gepökeltem Schweinefleisch wird mit Gewürzen und Wein mariniert und hat wohl aufgrund seiner Form den Namen Fuseau (zu dt. Spindel). Auch die Boudin Noir, eine grobe Blutwurst, zählt zu den Klassikern seiner Charcuterie. Keine Frage, Vegetarier oder Veganer werden im Geschäft des Mannes aus Sarrebourg eher weniger fündig. Aber Junior Yann Reinhardt versteht sich obendrein auch recht gut auf Patisserie. Der 22-Jährige hat ein Händchen für Desserts. Und hier bleiben wir natürlich ebenfalls in Lothringen. Baba au Rhum – das Lieblingsdessert von Herzog Stanislas – macht der Filius aus Passion. Ob es ihn stört, dass die eher deftige cuisine lorraine immer etwas im Schatten der elsässischen Küche steht? „Nein", meint er kopfschüttelnd. „Das sind die Gerichte unserer Region, ob Lothringen oder Elsass – Hauptsache den Leuten schmeckt es", ist der Handwerker durchaus Pragmatiker, aber deshalb nicht weniger stolz auf die kulinarische Tradition seiner Gegend. Und nicht umsonst trägt seine Charcuterie den Zusatz „Le Palais gourmand".

Markantes Jugendstil-Gebäude in der Avenue Foch 5 in Nancy. Früherer Hauptsitz des L'Est Républicain, der führenden Tageszeitung in Lothringen.

L'EST
REPUBLICAIN
STARBUCKS
ars

Klassische art nouveau: das Gebäude der Handelskammer von Meurthe-et-Moselle – ganz in der Nähe von Bahnhof und Brasserie Excelsior in Nancy.

Zum Autor

Volker Knopf, Jahrgang 1967, ist in Karlsruhe geboren und studierte Politikwissenschaft, Englische Literatur- und Medienwissenschaft in Frankfurt, Marburg und Nottingham. Anschließend folgte ein Volontariat beim „Schwarzwälder Boten".

Seitdem arbeitet er von der Fächerstadt aus als freier Journalist für etliche Tageszeitungen im Südwesten, unter anderem über Lothringen und das Elsass.

Der Badener hat bereits einige Bücher über Ostfrankreich verfasst und schätzt die „art de vivre" beim gallischen Nachbarn ebenso wie einen Bummel über die sonntäglichen Trödelmärkte von Straßburg bis Metz.

Auch im Geistkirch Verlag erschienen:

Volker Knopf

Geheimtipps –

Nordvogesen | Krummes Elsass

46 ungewöhnliche Reiseziele im nordöstlichsten Zipfel Frankreichs

ISBN 978-3-946036-79-1
Broschur | 208 Seiten | Format 17 x 24 cm
174 Farbfotos

Volker Knopf

Geheimtipps –

Straßburg und Vogesen

55 ungewöhnliche Reiseziele in Straßburg und den angrenzenden Vogesen

ISBN 978-3-946036-97-5
Broschur | 208 Seiten | Format 17 x 24 cm
197 Farbfotos